《魅力城乡》系列丛书

365日生活天天精彩 960万国土处处美好

中国最有影响力休闲农业节庆

◎ 魅力城乡网 组编

中国农业科学技术出版社

图书在版编目（CIP）数据

中国最有影响力休闲农业节庆 / 魅力城乡网组编 .—
北京：中国农业科学技术出版社，2012.12
（魅力城乡系列）
ISBN 978-7-5116-1169-7
Ⅰ.①中… Ⅱ.①影… Ⅲ.①农村—节日—风俗习惯—中国 Ⅳ.① K892.1

中国版本图书馆 CIP 数据核字（2012）第 296286 号

责任编辑 李 雪 穆玉红
责任校对 贾晓红 范 潇

出版发行 中国农业科学技术出版社
北京市中关村南大街12号 邮编：100081
电　　话 （010）82106626 82109707（编辑室）
（010）82109702（发行部） 82109709（读者服务部）
传　　真 （010）82109707
网　　址 http：//www.castp.cn
印　　刷 北京卡乐富印刷有限公司
开　　本 880 mm × 1230 mm 1/16
印　　张 16.5
字　　数 200 千字
版　　次 2013年3月第1版 2013年3月第1次印刷
定　　价 39.00元

《魅力城乡》系列丛书编委会

《中国最有影响力休闲农业节庆》

编写人员

主　　编：李　雪

执行主编：张舜尧　王雪错

副 主 编：马英立　穆玉红

参编人员：史咏竹　朱　绯

前言
PREFACE

五千年文明史铸就了灿烂辉煌的中华文化，节庆则是这一文化体系中一个个璀璨夺目的亮点。几千年来，我们的祖先世代为生存奋争，终日面朝黄土背朝天，于是365天里，春华、秋实、夏种、冬藏都成了人们倍加看重的节点。在这周而复始的循环中，人们悟出了天、地、人的奥妙，学会了以节庆的形式感谢上天的赐予和大地的恩惠，同时也给自己放一个小假，给未来储存更多的激情和能量。

传统节庆包含的太多太多，只有逐个解读，才能知晓其来龙去脉；只有细细品味，才能体味其饱含的情感；只有遍观众多节庆，才能管窥其深厚的积淀。伴随着农业产业的发展，特别是乡村旅游业的突飞猛进，农业节庆又被赋予了新的内涵。它们已经不再是自然而然的存在，而是一种被挖掘、被渲染、被引申，融合了传统与现代、包含着物质与精神的活动。总之，当代的节庆是一扇扇窗、一道道门，只要你用心去解读，只要你亲身去体会，就一定能获得意想不到的收获和惊喜。

为加大休闲农业节庆的推介力度，提升休闲农业节庆的知名度和影响力，中国休闲农业门户网站（www.365960.com）——魅力城乡事业部与中国农业科学技术出版社联合出版了《中国最具有影响力休闲农业节庆》。本书包括：第一章，花卉节庆——收获花儿一样的幸福；第二章，采摘节庆——体验收获果实的喜悦；第三章，民俗节庆——发现民族文化的瑰宝；第四章，旅游节庆——找回迷失的本真；第五章，文化节庆——加入文化经济的大融合；第六章，美食节庆——品尝垂涎欲滴的美味佳肴。

本书图文并茂、内容丰富、特色鲜明，是汇集各类休闲农业节庆的精典全书。它不仅有可读性，而且有较高的参考价值，让你足不出户，就能如数家珍、遍知农业节庆。如果根据本书的提示，去参加你所喜爱的节庆活动，一定会让心情放飞，寻觅到那一份温馨与惬意。

本书中部分内容来源于“中国最有影响力休闲农业节庆”系列活动时各乡村提供的资料和图片，特此致谢！

编　者

目录
CONTENTS

第一章

花卉节庆：幸福像花儿一样

第一节　油菜花节

“黄萼裳裳绿叶稠”

近几年，人们越来越喜爱油菜花，原本作为经济作物的油菜花华丽转身成为了摄友镜头下的主角。每到春、夏季节，爱好拍摄的人们就背上行囊，带上照相机，踏上拍摄油菜花的旅途。

油菜在我国分布极广，北起黑龙江南至海南，西起新疆东至沿海各省，不论是海拔 4 000 米以上的青藏高原，还是地势低平的长江中下游平原均有种植。我国的油菜可分为冬油菜和春油菜两大种植区，其分界线为东起山海关，经长城沿太行山南下，经五台山过黄河至贺兰山东麓向南，过六盘山再经白龙江上游至雅鲁藏布江下游一线。在我国因气候不同，各地花期有所差异，又因气候的变化，花期会略早或略晚，如遇暖冬，花期就会提前。观赏油菜花的时间一般是每年的12月底到翌年4月。

最佳欣赏地

青海门源油菜花节——夏天里的绽放

在北方，提起油菜花，有点儿旅游经验的人都会想起青海省门源县，这里是北方小油菜生产基地。就全国来讲，最大气的油菜花在青海。相比国内一些油菜花风景地，青海门源的油菜花景色甚为壮观，具有十足的西部风格，近百万亩油菜花俨然豪放的一片花海，一派博大壮美的奇观。7月初，还不是门源的油菜花最盛的季节，但是此时色彩已经十分丰富。田野抹上了一片翠绿、其间透出斑驳的淡黄——那是油菜花生机勃勃的浪漫宣言。7月中旬，便是一望无际的金黄。在高原蔚蓝的天空下，油菜花

田镶嵌在浩门河两岸。浓艳的黄花北依祁连山，南邻大坂山，西起永安城，东至玉隆滩，绵延近百公里，无际无边，宛如金黄色的大海，展示着北方的油菜花在蓝天、白云和雪山映衬下铺天盖地的霸气。

赏花时节：从每年的7月初开始，这里就进入了油菜花盛开的季节，开花时间是7月5至25日，最佳花期是7月10至20日。

最佳拍摄地点：一个是青石嘴镇的元山观花台和县水泥厂对面的南山上，从这里能全观油菜花海和常年积雪的冷龙岭及岗石卡雪峰。拍出来的照片有春夏秋冬四季景色，画面层次极好。另一个是东部仙米林区，这里不仅有油菜花，还有原始森林、仙米峡谷，多种色块交织，令人目不暇接。

赏花佳期：7月10日至20日

赏花线路：门源：从西宁市长途客运站乘汽车到门源县城浩门镇约5小时，每天4班车，上下午各两班。到了浩门镇再包车前往“花海”

江苏兴化千岛油菜花节——“田无一垛不黄花”

“河有万湾多碧水，田无一垛不黄花。”这句诗真实地描写了江苏兴化的20万亩油菜花田。兴化市位于长三角经济带北缘，建城已有2 300多年历史，是江淮地区的一颗水乡明珠，有独特的水乡美景。兴化千岛菜花田位于兴化市缸顾乡，以垛田景观享誉全国。750年前，缸顾乡农民从水中取土堆田，整齐如垛，在上面种植农作物，慢慢就演变成了今天这样的生态景致：河港纵横、菱藕飘香，块块隔垛宛如漂浮在水面上的岛屿，素有“万岛之国”的美誉。每年清明前后，辽阔的水面上，千姿百态的垛田形成了上千个湖中“小岛”，“岛”上开满金灿灿的油菜花，水面上一片金黄色的花海。蓝天、碧水、“金岛”织就了一幅奇丽的画面。泛舟其中、如入迷宫，浓郁的花香让人迷醉，旖旎的风光令人流连。

赏花佳期：4月份

赏花线路：兴化市区农公站→缸顾班车直达→千岛菜花风景区

江西婺源油菜花节——最经典的油菜花观赏地

婺源号称“中国最美乡村”，其最美的季节是在3月中下旬。每到这个时节，粉红的桃花、洁白的梨花与白墙灰瓦的徽派建筑交相辉映，掩映在金黄的油菜花海之中，来到这里的城里人仿佛找到了梦中的家园、心灵的归宿。

赏花时节： 婺源油菜花一般在每年的3至4月盛开。生长在低平地带的本地油菜花开得最早，随后是严田、长滩、樟村一带的成片油菜大面积开花，接着是江岭、庆源一带的油菜开花。花期一般在一个月左右，最适合观赏的时间有20多天。如果受到暖春影响，会提前在2月份就开得黄灿灿的。

最佳拍摄地点： 除去油菜花，婺源美丽的景致还有很多，比如小桥流水、吊角楼、古朴的民居。如果想要拍一张有婺源特色的油菜花婚纱照，最好有其他景物和油菜花配合。以颇有特色的婺源廊桥为例，可以最著名的清华镇上的彩虹桥为远景，从不远处的油菜花田拍过去，就会拍出油菜花海浮廊桥的意境。再比如李坑的小桥流水，一条小河从村子中间潺潺流过，几座小桥默默地横架其上，构成了油菜花田和小桥流水的画面。从彩虹桥往下游走，有一个很著名的大水车，以它和油菜花互为背景，

便别有一番情调。特别是在细雨初停时，油菜花上挂着水珠，色彩就更加鲜艳明润。

婺源景点分布在3条线路上，驴友们大都推荐东线：李坑——汪口——晓起——江岭。这是婺源目前最热、开发最完善的一条线，包括3座古村落，1处自然田园风光。其中的亮点应当是江岭，这是婺源看油菜花最美的地方。

赏花佳期： 3月至4月

赏花线路： 由南昌市出发，上南昌西外环高速经沪昆高速到弋阳下高速，经德兴市至婺源

罗平国际油菜花节——最大的自然天成花园

罗平位于云南省东部，地处滇、桂、黔3省（区）结合部，素有“滇黔锁钥”之称，是云南通往东南沿海地区的重要通道。全县除南部地区属亚热带气候外，其他地区均属温带和亚热带高原季风气候。植物种类较为齐全，烤烟、生姜、油菜籽是罗平的3大经济作物，曾被国家列为“油菜生产基地县”。

这里旅游资源独具魅力，秀甲滇东，有一万亩连片油菜花海、中国最美的峰林——金鸡峰林、中国最美的瀑布——九龙瀑布群、险峻幽深的鲁布革峡谷、清秀美丽的多依河、闻名遐迩的鲁布革水电站和古老的布依族文化，还有距今约2.5亿年，至今保存非常完整的三叠世纪生物化石群落。

赏花时节： 每年2至3月是油菜花盛开的季节，65万亩油菜花竞相怒放、漫山遍野，铺天盖地，金浪翻滚，高低起伏，蝶舞蜂飞，清香沁人。

赏花佳期： 2月至3月

赏花线路： 云南省通过324国道线经陆良、师宗达到罗平

油菜花观赏地推荐

青海：门源青石嘴镇的元山观花台

江苏：兴化县　高淳

浙江：宁海桑州　千岛湖　瑞安桐浦

北京：密云笸箩村　延庆沈家营镇新合营村

上海：奉贤庄行镇

重庆：潼南崇龛镇　重庆垫江

四川：红原　刷余寺　广汉三星堆　新都　郫县　龙泉　金堂

贵州：龙宫油菜花

广东：英德国家森林公园　金晶宫

江西：婺源　李坑　汪口　晓起　江岭

云南：罗平

陕西：汉中

河北：坝上草原

湖北：武汉汉口堤角　黄陂武湖至新洲旧街沿线　荆门

新疆：昭苏草原　塔克拉玛干盆地　准噶尔盆地

西藏：雅鲁藏布江年楚河

第二节 牡丹花节

"唯有牡丹真国色"

"庭前芍药妖无格，池上芙蕖净少情。唯有牡丹真国色，花开时节动京城"。牡丹别名木芍药，是花中之王，素有"国色天香"之美誉。牡丹是我国古时特有的花种，早在唐代，都城长安栽植和观赏牡丹就极为盛行，留下了许多动人的故事。

牡丹，花朵硕大、花容端庄、品种繁多、雍容华贵，被称为万花一品、冠绝群芳的"花王"。牡丹在我国有数千年的自然生长和两千多年的人工栽培历史，其花大、形美、色艳、香浓，为历代所称颂，具有很高的观赏和药用价值，自秦汉以药用植物载入《神农本草经》始，历代古籍中不乏其文。

历史上，中国形成了以黄河中、下游为主要牡丹栽培中心，其他地区为次栽培中心或重要栽培地的格局。随着朝代更迭，栽培中心虽有变化，但始终位于黄河中、下游地区。此外，还有几个重要的牡丹栽培地区，一是长江三角洲、太湖周围及皖东南；二是四川盆地西北隅的成都、彭州；三是甘肃的兰州、临夏；四是广西的灌阳。

最佳欣赏地

洛阳牡丹节——“花开时节动古城”

洛阳每年 4 月都举办牡丹节，各种珍稀品种悉数亮相，为古城增添了不少亮色，让人们大饱眼福。

牡丹公园——“入门唯觉一庭香”

洛阳红是洛阳种植面积最大的品种，在街头花坛中都能看到。这里的洛阳红，花色鲜艳、植株高大，单株能开到一百到两百朵。牡丹花丛始终萦绕着一股清芬雅逸的香气，真恨不得能把这味道收纳起来打包带走。“国色朝酣酒，天香夜染衣。”不亲临牡丹园，怎能感受“国色天香”的况味。单论规模，牡丹公园不是最大的，但这里少了许多拥挤，多了许多安静赏花之妙。

国家牡丹园——“三千粉黛无颜色”

如果意犹未尽的话，还可以去坐落于洛阳北部邙山的国家牡丹园，这一带温度低、花期晚。虽然围墙边上淡紫色的泡桐花开得正好，却生不逢时，与牡丹公园里绽放的黄刺玫和碧桃花一样，都被牡丹无情地比了下去，好一个“三千粉黛无颜色”！

国家牡丹园的面积很大，分为北园和南园，中间以天桥相连。走在南园就像是走在一个姹紫嫣红、五彩缤纷、花团锦簇、异彩纷呈的大花园。南园还有一大片由凤丹白组成的千年牡丹林，株株冠高过人、大如玉盘的白色花朵遍缀枝头，像洁白的大蝴蝶落在绿色森林中。

赏花时节：洛阳的牡丹园很多，各园花期会相差几天。最好的赏花时段是4月中旬，以清晨到上午十点前为最佳。

赏花佳期：4月中旬

赏花路线：牡丹公园在市区，去国家牡丹园可在火车站乘51路到国家牡丹园下

山东菏泽——“曹州牡丹甲海内”

菏泽古称“曹州”，素有“雄峙烈郡”、“一大都会”之称。曹州种植牡丹有数百年历史，宋时牡丹以洛阳为多，自明开始，种植中心即移至曹州。发展至今，菏泽已有几百个品种，数千亩牡丹田。每年谷雨前后，曹州牡丹连阡接陌、艳若蒸霞，堪称中华之最。

曹州牡丹的特点是枝挺拔有致、叶繁茂多姿、花雍容华贵，被誉为观赏牡丹之上品。

菏泽牡丹名园——《聊斋》葛巾是仙女

菏泽牡丹历史悠久，明朝各具千秋的牡丹名园已星罗棋布，如凝香园、巢云园、郝花园、毛花园、赵花园等。清蒲松龄在《聊斋志异》中还把曹州牡丹珍品葛巾紫、玉版白神话为仙女，写出了脍炙人口的名篇《葛巾》。据说篇中所述的桑姥就是由桑篱园的百年老桑树幻化而来。

赵楼牡丹园——“天下第一香”

走进古朴典雅、上书“曹州牡丹园”（舒同大师书）的彩色牌坊，就是赵楼牡丹园。该园总面积24平方公里，有牡丹品种400多个、芍药品种200多个，曾培育出“粉中冠”、“冠世墨玉”、“紫瑶台”等著名品种。园内建有新颖别致的古典式建筑“观花楼”，楼前有溥杰先生手书“天下第一香”、舒同大师手迹“曹州牡丹甲天下”的石碑和牡丹仙子塑像。每到花季，连阡接陌、五彩缤纷、争奇斗艳，令人目不暇接。每年有上百万的游人前来赏花。

曹州百花园 —— 满园尽珍品

曹州百花园原名“万花村”，始建于明朝嘉靖年间，第一批太空牡丹也在这里培育的。有人说过“看牡丹不到百花园，就像游北京不登长城一样令人遗憾”。曹州百花园以牡丹名贵品种繁多而被誉为“牡丹珍品园”，有黄、红、兰、白、黑、绿、紫、粉、复色九大色系，820余株牡丹。500余株百年以上的大株牡丹，枝繁叶茂，花朵累累。百花园推陈出新，自育自繁的牡丹名贵新品有400余种。走入百花园，最先要看的是有400余年花龄的牡丹王“玉翠荷花”，植株高2.6米、冠直径达4米、花400余朵，海内外皆称“牡丹王”。

李集牡丹园——天香阁上眺牡丹

李集牡丹园位于赵楼牡丹园的北面，大门是彩色牌坊，同样书有“曹州牡丹园”5个大字。该园面积20平方公里，广植牡丹。园中建有一座楼高4层、古色古香的“天香阁”。登楼眺望，园中秀色尽收眼底。园中还有一株枝干虬曲的大木香树，花开时节馨香扑鼻、平添雅趣。

特色小吃：来到菏泽赏牡丹，一定要顺便尝尝这里的特色美食曹县烧牛肉、菏泽水煎包、单县羊肉汤、曹州烧饼。

赏花佳期：4月份

赏花路线：从济南乘车约3.5小时至菏泽

牡丹花观赏地推荐

河南：洛阳牡丹公园　洛阳国家牡丹园

山东：菏泽牡丹名园　赵楼牡丹园　曹州百花园　李集牡丹园　何楼牡丹园　古今牡丹园

江苏：盐城枯枝牡丹　常熟尚湖风景区

四川：彭州天彭牡丹　丹景山

北京：景山公园　北京植物园　国色天香牡丹园

陕西：延安万花山

湖北：竹溪牡丹　十八里长峡省级自然保护区　东湖牡丹园

西藏：林芝扎贡沟黄牡丹

第三节 桃花节

“人间四月芳菲尽 山寺桃花始盛开”

“阳春三月，桃花吐妍。”桃花的娇美常让人联想到生命的丰润。自古以来桃花就是文人墨客喜爱的花卉，象征着爱情和浪漫。“人间四月芳菲尽，山寺桃花始盛开。”春天到了，草儿开始发芽，杨柳开始抽蕊，桃花也竞相盛开。

桃花花语：爱情的俘虏。在中国，桃花一直都离不开爱情两个字，人们常说“桃花运”，就是因为桃花能给人带来爱情。有了桃花的祝福，相信会很快拥有自己的爱情。

桃花原出自我国中部及北部，后来逐渐传播到亚洲周边地区，现在中国、法国、澳大利亚等国家的温暖地带都广为种植。

最佳欣赏地

四川龙泉桃花节——“天府”春来第一花

天府之国的春来第一花非龙泉桃花莫属，四川龙泉被誉为“中国水蜜桃之乡”。龙泉驿是闻名全国的花果山和风景名胜区，素以“四时花不断，八节佳果香”著称。每到阳春三月，龙泉漫山遍野都会桃花盛霞、梨花如雪、风景如画。

1987年龙泉驿区举办了首届桃花会，1993年第七届桃花节提出了“以花为媒、广交朋友、促进开发、繁荣经济”的办会宗旨，一直延续至今。1994年，桃花会主办者由龙泉驿区人民政府升格为成都市人民政府，名称随即改为“中国成都桃花会”。1999年，龙泉驿区人大常委会将“桃花会”更名为“桃花节”，同年国家旅游局宣布，“成都桃花节”为“99中国生态旅游”的节庆活动之一。2001年8月，国家旅游局正式批准龙泉桃花节为“国际桃花节”。至此，龙泉连续举办了15届的区域性盛会终于走出了盆地、走出了国门、走向了世界。

特色美食：必吃美食有冯兔肉、牛肉酸辣粉、窝子油糕等。

赏花佳期：3月中旬至4月中旬

赏花线路：在双流车站坐810到杨公沙石站后，跟着指示牌即可

浙江舟山桃花岛——金庸笔下的浪漫地

去舟山桃花岛看桃花本来就是一件令人向往的事情，更何况或许还能寻着点有关郭靖和黄蓉的故事。桃花岛的桃花种类很多，粉的也好、红的也罢，都一朵朵地簇拥在枝头，唯恐被挤下去似的。桃花岛的一切都似乎跟桃花有关系，无论是桃花港还是桃花峪，都像桃花一样美丽，就连桃花岛人也艳若桃花。

赏花佳期：3月中旬至4月中旬

赏花线路：看桃花以杭州为中心，在杭州汽车东站坐大巴到舟山沈家门，再从沈家门墩头码头坐轮船或快艇到桃花岛

浙江富阳新登镇半山村——桃花燃烧半个山村

富阳新登镇半山村素有“桃花村”美誉，漫山的桃花在蒙蒙烟雨的衬托下显得格外娇媚动人。置身1 400多亩的桃林中，才知道什么是花的海洋。整片整片的桃花像热烈的火焰，燃烧了整个半山村。

赏花佳期： 3月中旬至4月中旬

赏花线路： 从杭州出发，沿320国道、23省道到新登镇上，跨过镇南面的南津大桥，在南四村岔路口右拐后前行即可到半山村

千岛湖——最娇媚的桃花胜景

“在合适的时间出现在合适的场景里，而且手中有台可靠的相机。”这是《国家地理杂志》摄影师总能获得卓尔不群的作品的秘诀。当然，这也适用于摄友们去千岛湖的时候。在那里一定能拍到具有新意的作品：田园和桃花。

最佳拍摄地：春季的千岛湖总不会让你失望。乘一条快艇，去一些人迹罕至的小岛，在那里，粉红的桃花、雪白的梨花在山坡上错落有致地盛开。一汪碧绿的湖水前面，你会发现无数由桃花构成的极具美感的线条和构图。

周边景区：除了千岛湖的桃花，从淳安进入皖南，走“千岛湖——临沂——唐村——三阳坑”一线，也是非常棒的行摄路线。这条路线相对冷僻，游客极少。车行至山顶，极目远眺，碧水翠竹的山坳里，零星散落几栋古居，屋前错落有致的梯田开满金黄的油菜花，像是给原本清雅隽秀的水墨画添上一笔重彩。

赏花佳期： 3月中旬至4月中旬

赏花线路： 自驾者从杭州出发，上320国道，经富阳、桐庐、建德进入淳安

临沂蒙阴县旧寨乡桃花节——“可爱深红爱浅红”

蒙阴县旧寨乡位于长江以北，被农业部命名为“优质水蜜桃基地乡镇”，被誉为“水蜜桃之乡。”

绵延无际的桃花争奇斗艳，红粉粉、黄灿灿，真个是“桃花一簇开无主，可爱深红爱浅红。”大片大片的桃花如花的海洋，又似落入人间的云霞，夭夭灼灼，眩人眼目，给人以震撼之美，似要把人熔化。漫山遍野的桃花把田间、山头、原野妆扮得姹紫嫣红！每一朵都无须刻意修剪，都有一股原始的妖冶。远看，仿佛一抹云霞铺在黄土山坡；近观，棵棵摇曳，朵朵雨润红娇。真个是树染胭脂、枝挂红霞、桃花醉人、芳香弥漫、沁人心脾。徜徉在花海里，看灼灼桃花盛开，禁不住会想起“人面桃花相映红”、“万紫千红总是春”这些诗句。这是大自然的造化，更是人类与自然和谐共处的结果。

赏花佳期：3 月底至4 月初

赏花线路：新兖石路至北楼村、杏山园村、大上峪村，共 10 公里

桃花观赏地推荐

浙江：舟山桃花岛　富阳新登镇　千岛湖　杭州西湖
广东：白云山　西樵山　南海南国桃园
北京：平谷千亩桃花海　北京植物园　双龙山　军坨风景区
重庆：九龙坡区走马镇　酉阳桃花源
上海：大团桃园　南汇桃花村　新场桃花村　滨海桃源
湖北：武汉吴家山走马岭
四川：龙泉驿　米亚罗
山东：泗水
西藏：林芝
广西：阳朔
湖南：常德
天津：桃花堤　蓟州
河南：许昌
云南：昆明郊野公园
江西：滕王阁

第四节　薰衣草节

“紫裳雍容现风情”

英国人一直将薰衣草视为纯洁、感恩与和平的象征，“薰衣草代表真爱”是伊莉莎白时代最具代表性的抒情诗。情人之间常将薰衣草赠送对方，以表达爱意。

花之物语：等待爱情。

薰衣草性喜干燥，花形如小麦穗状，有细长的茎干，花上覆盖着星形细毛，末梢开着小小的紫蓝色花朵，窄长的叶片呈灰绿色，成株时高可达90厘米，通常在6月开花。薰衣草被称为“百草之王”，香气清新、性质温和，是公认的具有镇静、舒缓和催眠作用的植物，对于舒缓紧张情绪、镇定心神，平心静气、愈合伤口、祛除疤痕有显著效果。每当花开风起时，一整片的薰衣草田宛如深紫色的波浪，层层叠叠地上下起伏。

薰衣草原产于地中海沿岸的灌木丛，由于兼具实用价值和美化功能，如今已是欧洲常见的庭园植物，法国南部普罗旺斯的薰衣草田景观尤其著名。我国新疆天山北麓与法国的普罗旺斯处同一纬度带，且气候条件和土壤条件相似，是薰衣草种植基地、中国的薰衣草之乡。

最佳欣赏地

广州清新县美佳薰衣草园——紫雾轻烟薰衣香

美佳薰衣草园的空气中弥漫着各种薰衣草散发的香气。走在路上，映入眼帘的是一小株一小株的薰衣草，紫的、白的……渐渐地空气中的香气更加浓郁，突然眼前一片开阔，一片紫色薰衣草海洋将视野占据得满满当当。

美佳薰衣草园，据说是一位来自台湾的浪漫老农，千里迢迢地在广东省清远市建立的东南亚最大的“拈花惹草”香草园地。园里种植了100万株来自欧美的名贵香花异草，特别是以各种薰衣草为多，每个季节都有不同品种的薰衣草开放。最佳观赏时间为每年10月初至翌年5月底，尤其是每年3月，薰衣草开得最多，开得最艳丽，整个园子便是一片紫色或五彩缤纷的梦幻花海。

赏花佳期：3月份

赏花线路：从广州出发，走广清高速，到清远市区后，走清四路，也就是往清新温矿泉的方向，向前行驶23公里即可到达美佳薰衣草世界

德庆盘龙峡——薰衣草世界

春天的盘龙峡，薰衣草从春节开花一直持续到2月底，此时的薰衣草香气最浓，颜色最艳。据说这里的薰衣草经过改良，一年四季都可以开花，比在法国普罗旺斯更易看到薰衣草花海。一眼望去，田地中垄垄种满了不同品种的薰衣草。羽叶薰衣草、狭叶薰衣草、齿叶薰衣草和甜蜜薰衣草，不同的花朵，不同的味道。羽叶薰衣草更是不分季节地绽放着它那紫色的花朵，在风中摇晃，跳着柔曼的舞蹈。

这里有亚洲首个薰衣草木屋酒店，是拍摄出童话般感觉的最佳外景地。小木屋建在山谷，四周被翠绿的山林包围。住在被薰衣草包围的小木屋之中，就像置身仙境。薰衣草的香气有助安定情绪，让人睡个好觉，做个好梦。薰衣草温泉将浪漫推向极致，工作人员在园内采摘最新鲜、最茁壮的薰衣草，采用古代皇室养颜秘方，制成药包放置在温泉池内，你能想象置身温泉中的感觉吗？

赏花佳期：新春至2月底

赏花线路：自驾车走广三高速，在三水上321国道，经肇庆西行梧州方向抵达德庆，德庆北行18公里即可到达盘龙峡谷景区

新疆伊犁薰衣草——上帝遗忘的紫色外套

在中国西部一隅，有一片3 000亩的薰衣草漫山遍野地绽放。

这个令人心动的地方位于新疆天山脚下美丽的伊犁河谷旁，是伊人天然香草园艺场。伊犁是个土地宽广、凉爽宜人的地方。夏天，薰衣草与黄色的油菜花，红色的土豆花、雪青的欧薄荷花一起盛开。这里几乎包括了所有梦中的彩色花田，有如上帝遗忘在大地上的一件拼布外衣。每年6月至8月，当花期来临的时候，香味扑鼻的薰衣草在风中摇曳。这个时候骑一辆自行车，在蓝天白云和浪漫的香风之中缓缓骑行，也许从此你就希望做一个花农或嫁一个花农了！

赏花佳期： 6月至8月

赏花线路： 坐火车到乌鲁木齐后乘夜班车15小时到达伊犁（伊宁市）

薰衣草观赏地推荐

广东：清新县美佳薰衣草园　德庆盘龙峡　肇庆怀集葵园薰衣草

新疆：伊犁薰衣草

北京：密云紫海香堤艺术庄园　司马台长城脚下　怀柔观蓝谷

台湾：台湾埔里薰衣草田

江苏：南京宿根植物园

第五节　郁金香节

“兰陵美酒郁金香　玉碗盛来琥珀光”

郁金香原产于地中海南北沿岸及中亚细亚地区，而今郁金香已在世界各个角落种植，其中以荷兰为盛，是荷兰的国花。

赠花礼仪：将几枝红色的郁金香放在方形的硬衬纸上，小心地包上透明塑料纸，四角饰以金色的缎带，以增添华美感。

郁金香花语：博爱、体贴、高雅、富贵、能干、聪颖。

红色郁金香代表热烈的爱意。

粉色郁金香代表永远的爱、美人、幸福。

黄色郁金香代表开朗、高雅、珍贵、财富、友谊，象征神圣、幸福与胜利。

白色郁金香代表纯洁清高的恋情、失恋、无望之爱。

黑色郁金香代表领袖权力、爱的表白、荣誉的皇冠、永恒的祝福、神秘、高贵。

紫郁金香代表高贵的爱、无尽的爱、忠贞的爱。

高原郁金香代表自豪、挺立、创造的美和美的创造。

最佳欣赏地

关山荷兰风情园——友好城市的见证者

武汉关山荷兰风情园是武汉市首家以异域风情为特点的主题公园，为纪念武汉市与荷兰阿纳姆市结为友城10周年而建造。园内主要以荷兰的植物和荷兰风格的建筑为主，有郁金香、风车、尖顶屋等。荷兰风情园前身为兴建中的关山公园，武汉与阿纳姆市结为友好城市后，市政府调整建设方案，改建为“荷兰风情园”。

风情园总占地面积近9万平方米，花田内种植了22 000盆郁金香，红色、粉红、蓝色一应俱全。

赏花佳期：3月份

赏花线路：乘401、402、709路车直达武汉植物园，光谷荷兰风情园乘坐583、538、590、572、586、811路车到下钱东村站

武汉植物园——一黑一白两“皇后”

武汉植物园从荷兰直接引进70多个郁金香品种，近百万株。这些郁金香种植在景观温室周围、中心草坪、林间小道以及人工湖岸等展区，与园内景色融为一体，美丽至极。

据了解，园内以人名命名的郁金香主要有：前苏联宇航员加加林、歌剧《茶花女》作者威尔第、西班牙国王胡安、巴西足球名星罗纳尔多、世界超级名模克劳迪娅等，其中最引人注目的是以波兰总统夫人玛丽亚·卡钦斯基的名字命名的一种郁金香。这也是首个以波兰人名字命名的郁金香品种。这种郁金香花朵呈奶白色，看上去非常高贵，是园艺专家花了18年来培育出来的。“玛丽亚”与价值不菲的黑色郁金香“夜皇后”搭配，一白一黑两个“皇后”，组成“绝配”。

赏花佳期：3月底至4月中旬

赏花路线：乘坐401路、413路、515路、36路公共汽车至东湖梅园转402路公共汽车，直达武汉植物园

郁金香观赏地推荐

湖北： 武汉植物园　光谷荷兰风情园
北京： 北京植物园　北京中山公园
上海： 上海植物园　上海鲜花港　上海长风公园
新疆： 新疆五家渠市青格达湖
四川： 石象湖
陕西： 西安植物园
安徽： 合肥市植物园
湖南： 湖南省植物园
浙江： 杭州太子湾公园
云南： 昆明翠湖公园
台湾： 桃源仙谷　南元农场
天津： 天津热带植物园
河北： 石家庄植物园
湖南： 湖南省森林植物园

第六节 樱花节

“幽香艳丽醉樱花”

樱花热烈、纯洁。严冬过后，是它最先把春天的气息带给人们。樱花也是爱情与希望的象征。

樱花花语：生命、幸福，一生一世永不放弃；一生一世只爱你；命运的法则就是循环。

樱花原产于喜马拉雅山区，后逐渐传入印度北部，中国长江流域、西南地区、台湾，以及韩国和日本。

樱花的花期极短，一朵樱花从开花到凋谢只不过7日，整棵樱树从开花到全谢也只有两个星期左右。每当樱花缀满枝头，如潮的赏花人便涌到树下，去感悟樱花短暂而绚烂的生命。中国赏樱年代久远，唐朝白居易有诗曰：“小园新种红樱树，闲绕花枝便当游。”西安的青龙寺、武汉大学珞珈山校园、贵州平坝农场、北京玉渊潭公园均有植株不少的樱花，每年春天，这些地方都是赏樱的好去处。

最佳欣赏地

辽宁旅顺港——樱花扑鼻香

旅顺是我国栽植樱花最早最多的地方，现有樱花3万多株。品种有中国樱、日本早樱、八重樱、山樱等，主要分布于二零三国家森林公园、太阳沟风景区、龙王塘水库及庭院村舍等处。

旅顺“樱花之旅”活动始于1998年，每年4月到5月一个月的时间里举行。活动期间，赏花盛会自是必不可少的。在樱花树下漫步或在万花丛中休憩，自有一番雅趣。

赏花佳期： 4月至5月

赏花线路： 旅顺→旅顺港

玉渊潭——最美丽的樱花雨

看樱花不必到日本，在北京的玉渊潭公园就能领略樱花的纯美与洒脱。玉渊潭樱花节于每年的3月底或4月初举行。

玉渊潭樱花种类极多。早樱花形娟秀，多为单瓣，树型高大挺拔；晚樱的单朵花形多姿多彩、丰满妖娆；山樱高大挺直、花瓣5枚、花色雪白；垂枝樱属小乔木，花瓣5枚、花色粉白、枝如垂柳、姿态婀娜；染井吉野生长迅速、树枝舒展、花色雪白。

赏花佳期： 3月底至4月初

赏花路线： 公园南门可乘坐14路等大量长安街的公交线路，或乘地铁在军事博物馆站下，世纪坛北面入口

江北水城（聊城）国际樱花节——绿花红心更妩媚

山东聊城姜堤乐园的樱花园始建于2003年，占地100余亩，有3 000多株樱花树。园内樱花有红、粉、白、绿4大色系，十几个品种，是国内面积最大、品种最多的樱花园之一。在这四个色系的樱花中，又属姜堤乐园自己培育的“绿花红心”的绿色樱花最为稀有珍贵。每年4月樱花竞相绽放，千姿百态、妩媚典雅，是姜堤乐园一道独特的景观。

为充分实现“以樱花为媒，创特色园林”的目标，自2006年举办首届江北水城（聊城）国际樱花节以来，越来越多的海内外人士慕名前来。

赏花佳期： 4月份

赏花路线： 聊城东高速路口→光岳路→湖南路→聊位路→前罗大桥右拐1 000米即到

樱花观赏地推荐

陕西： 青龙寺

辽宁： 旅顺港

云南： 昆明圆通山

山东： 青岛中山公园　姜堤乐园的樱花园

湖北： 武汉大学　夜赏磨山樱园

上海： 青海路　鲁迅公园　植物园　延中绿地　黎安公园

重庆： 南山植物园　凤凰湖国际生态湿地旅游度假区

台湾： 阿里山　南投九族文化村

广东： 广州百万葵园

北京： 玉渊潭公园

第七节　梅花节

“梅花香自苦寒来”

梅花一向被视为中华民族的精神象征，她的高洁、不屈，令古往今来的中国人为之倾倒。在历代文人的笔下，梅花始终是崇高的。

满树的梅花或洁白胜雪，或灿若红霞，散发着淡淡的清香，让人不由自主地仰视、崇敬。“梅花香自苦寒来”，梅花的幽香来之不易，是饱经冰天雪地、风袭霜冻的洗礼酿成的。这句人生的至理名言既体现出梅花在朔风呼啸、冰凌刺骨的环境里昂扬向上、不屈不挠的品格，也让人感悟到人生必须砥砺锤炼、矢志拼搏的真谛。

“俏也不争春，只把春来报。”梅花是报春的使者，人们赏梅，既是对自然美的欣赏，也是在感受春天的信息，吸纳蓬勃向上的活力。每年早春梅花都会率先盛放，有些地方冰雪尚未融化，已见寒梅傲雪，踏雪寻梅自古就是富有诗意的户外活动。

最佳欣赏地

上海梅花节大观园——跟着刘姥姥去探梅

青浦淀山湖畔的大观园梅园，又称“梅坞春浓”，是江南四大梅花园林之一，上海地区最大的赏梅胜地，被誉为“都市生态园的东方绿舟”。近年来，从浙江引进了数千株梅花树，嫁接在百年老梅上的红梅为葱茏的园林平添了一抹灿烂的红。

梅坞春浓始建于1978年，占地190亩、植梅4 000余株、30多个品种。园中红梅、粉梅、绿梅、白梅、腊梅争奇斗艳。宫粉梅以冷艳著称、小绿萼则玲珑可人、红梅花形艳丽、绿萼绿白相映、紫梅淡香悠悠、玉蝶白中带红。园中石径、清溪、小桥、汀步、亭子散布，相映成趣，一派诗意画境。徜徉梅林，沐浴香涛，“疏影横斜水清浅，暗香浮动月黄昏。”

上海大观园梅花节以“探梅、品梅、赏梅、博梅、咏梅、画梅、情梅、认梅”为主线，充满了浓郁的文化气息。譬如引入《红楼梦》的情境，在2011年的梅花节上，由演员妆扮成刘姥姥，满脸喜气地给大家讲述故事，带领游客实地感受红楼梅景。

赏花佳期： 1月20日至3月10日

赏花路线： 八万人体育场、沪商线直达大观园

东方绿舟——信步游走梅花道

上海东方绿舟公园也有一道独特的梅景，3 000 株嫁接在百年老梅上的新梅，连成一片片香雪海，串成一条条梅花道，依水相伴、随风起舞。梅花节期间，乘坐赏梅游船饱览沿岸美景：湖面微波粼粼，两岸垂柳轻曳，梅花依水连片；也可乘坐赏梅观光车，更能放松身心，只管闭上双眼，一心品味梅香。

祈福民俗：梅花的五个花瓣象征梅开五福，赏梅后可以去朱家角古镇的圆津禅院或报国寺祈福。

赏花佳期：2 月份

赏花路线：沿延安路高架向西行驶。进入沪青平高速公路 G50（原 A9），沿途下口有赵巷、青浦城区、朱家角、金泽镇。至赵巷出口下可至奥特莱斯，至朱家角出口下，可至朱家角、东方绿舟、大观园

上海植物园——冬来梅花发几支

冬日，走进上海植物园，你一定能惊奇地看见宫粉梅、白梅、绿萼梅、虎蹄腊梅、磬口腊梅、大花素心腊梅，甚至属于腊梅晚花品种的小花素心、狗牙腊梅等各色梅花竞相绽放，大饱眼福。

赏花佳期： 2 月份

赏花路线： 公交：56、131、720、718、714、847、龙吴线、820、824、轻轨明珠线

莘庄公园——老梅暗香浮动

上海莘庄公园原名“莘梅公园”，建于1920年，原是当地显贵杨氏的私人花园。莘庄公园虽不大，却以老梅著称，现有梅花30余个品种，地栽梅花千余株，近年来已经成为上海市民赏梅的重要目的地。

莘庄公园以梅花品种的珍贵而闻名，如双碧垂枝绿梅、素白台阁、粉红朱砂、变绿萼、复瓣跳枝等都是沪上少见的品种。每逢早春二月梅花怒放时节，花色与造型奇特的各种梅花与白墙黑瓦、回廊朱厅相互映衬，美不胜收。

赏花佳期： 早春2月份

赏花路线： 公交线路91路，莘北线都可抵达

梅花观赏地推荐

北京：灵峰梅林　北京植物园　颐和园　香山梅花
浙江：余杭县超山　杭州西湖　西溪湿地梅园　孤山　杭州灵峰
江苏：梅花山　雨花台　古林公园　溧水傅家边　白马涧
邓尉山　光福梅园
四川：成都草堂祠　幸福梅林　塔子山公园
云南：黑龙潭公园
贵州：贵州荔波　重庆垫江
上海：大观园　东方绿舟梅花道　青浦梅园　上海植物园
莘庄公园
广东：广州流溪湖
江西：梅岭
湖北：武汉磨山梅园　武汉东湖梅园

第八节 杜鹃花节

“花中此物是西施 鞭蓉芍药皆嫫母”

杜鹃花，中国十大名花之一。在所有的观赏花木之中，杜鹃称得上花、叶兼美，地栽、盆栽皆宜。白居易赞曰：“闲折二枝持在手，细看不似人间有，花中此物是西施，鞭蓉芍药皆嫫母。”在世界杜鹃花的自然分布中，种类之多、数量之巨，没有一个能与中国匹敌的，中国乃世界杜鹃花资源的宝库。江西、安徽、贵州以杜鹃为省花，以杜鹃为市花的城市则有七八个之多。

中国的杜鹃花约有530种，除新疆和宁夏外，在各省、区均有分布。西藏东南部、四川西南部、云南西北部是最集中产地。杜鹃花多为灌木或小乔木，因生态环境不同，有各自的习性和形状，最小的植株只有几厘米高，呈垫状，贴地面生，最大的高达数丈，巍然挺立。

当杜鹃花这位“春之使者”以第一抹绚丽的花朵影映红了高山之巅的时候，人们就开始收拾行囊，准备循着花开的声音去感受春的气息。从3月至5月，伴随着各地相继入春，从南到北总有漫山遍野的杜鹃花如火如荼地绽放的景象。

杜鹃花花语：爱的喜悦。据说喜欢此花的人纯真无邪。

杜鹃花箴言：见到杜鹃盛开，就是爱神降临的时候。

最佳欣赏地

浙江天台山——佛国仙山的云锦杜鹃

翻开我国明代伟大的旅行家徐霞客的《徐霞客游记》，第一篇就是《游天台山日记》。这座位于浙江省的名山，不仅有秀丽的自然景观，还是佛教天台宗和道教南派的发祥地，被称为“佛国仙山”。灵气浸润的天台山生长着许多奇特的植物，其中之一就是广布于千米高山之上的云锦杜鹃。据说，这里的云锦杜鹃是目前世界上最古老、最高大的“杜鹃之王”，生长在1 200米的天台顶峰，树龄大多在400 ~ 1 000年之间，树干如铁、虬枝如钩、枝繁叶茂、独具气势。

每年5月，云锦杜鹃花争相竞放，淡红、嫩黄的花朵大而艳。每株树上逾千朵的杜鹃花每7至13朵又蜷成一小团，形成一簇簇碗口大的花束，再一团团地簇拥在一起，似锦若霞，十分艳丽，因此云锦杜鹃又有个很形象的名字“千花杜鹃”。

赏花佳期： 5月份

赏花路线： 广州没有直达航班或火车前往台州，可先到达杭州，再转乘火车或汽车前往，火车车程约3小时，汽车车程约2小时。到达台州市后再转公交车前往天台县

江西井冈山——杜鹃山上十里长廊

井冈山是著名的红色旅游景区，每年春天，这里同样“红”透半边天，因为在参天挺立的水杉中间、在浓荫馥郁的梧桐之下，杜鹃迎来了绚烂的花期。杜鹃花为绿色的山林增添了或红或粉或白的斑斓色彩，微风过处花影绰绰，如裙摆飘飘。

井冈山上的杜鹃种类繁多，有云锦杜鹃、鹿角杜鹃、猴头杜鹃等约30个名贵品种，其中最为著名的当属这里独有的井冈山杜鹃。它不仅有扑鼻的香气，而且还拥有独具一格的“渐变”色：初开时为粉红色，然后逐渐变成紫红色，色泽绚丽、多姿多彩。

被誉为“杜鹃山”的笔架山是井冈山杜鹃花的最佳观赏点。每年四、五月间，各色杜鹃花沿着笔架山山脊两侧竞相开放，在高峻的山崖间形成了一道十里杜鹃长廊，仿如仙境一般。

赏花佳期：3月下旬至5月下旬

赏花路线：从广州出发，可乘飞机或火车到达井冈山市新城区后，再坐半小时汽车到达井冈山内的茨坪景区

惠州罗浮山——杜鹃花开百余天

由于海拔较高，山上山下的气候差异以及品种的不同，罗浮山杜鹃的花期可从3月持续到6月，长达3个月之久，适合无暇出远门的珠三角游客“偷得浮生半日闲”，前来观赏。从山脚到鹰嘴岩，从分水坳到飞云顶，绵延近20里的杜鹃花廊不会让人失望。满山盛开的杜鹃红者欲燃、白者如玉、粉者如霞、花色交织，在罗浮山终年不散的云雾映衬下，形成了如梦似幻的云中花景。

罗浮山的杜鹃有十余种，有毛杜鹃、钟杜鹃，在从螺丝顶到玉娥峰之间山谷中，甚至可以找到5米多高的树杜鹃。

赏花佳期：3月上旬至6月下旬

赏花路线：乘坐公交车，则可先乘车至惠州汽车站，再转乘前往罗浮山的旅游专线

吉林长白山——破冰傲雪杜鹃花

4月，长白山顶依然白雪皑皑，天池也还在冰封之中。在长白山西坡，杜鹃花却大片大片地顶风破雪、傲然开放。杜鹃花以不到20厘米高甚至更矮的身姿顽强生长，绽放晶莹欲滴、娇嫩艳丽的花朵，浅黄、乳白、淡红……缤纷的杜鹃花海与银色世界相映成趣，顿时叫人眼前一亮。4月末5月初冰雪初融的时候，连绵的杜鹃花更是开得灿烂。在长达3个月的花期里，犹如为长白山戴上了美丽的花环。

赏花佳期： 4月下旬至7月

赏花路线： 长白山周边城市如长春、通化、吉林、延吉都有机场

杜鹃花观赏地推荐

吉林：长白山高山杜鹃花

浙江：天台云锦杜鹃花

江西：井冈山（笔架山）十里杜鹃花长廊

四川：峨眉山银叶杜鹃　甘孜藏族自治州境内

重庆：金佛山

贵州：百里杜鹃花园

广东：西樵山十里杜鹃长廊　中山孙文纪念公园

西藏：色季拉山

云南：丽江老君山

湖北：麻城杜鹃花　武汉黄陂云雾山

第九节　玫瑰花节

"春风拂槛露华浓"

从古至今玫瑰因香味迷人、花形优美，色彩艳丽而备受珍视。长久以来，玫瑰作为爱情之花深受恋人们的喜爱。

包括野生玫瑰（即蔷薇），原始的品种共有250种之多，而混种与变种则有成千上万种。现今广为种植的玫瑰花多达100多个品种，有白玫瑰花、红玫瑰花、蓝玫瑰花、粉红玫瑰花、淡粉红玫瑰花、黄玫瑰花、双色玫瑰花等。

玫瑰系温带树种，耐寒耐旱；对土壤要求不高，能在微碱性土壤生长，最喜富含腐殖质的中性或微酸性轻壤土；喜光，在庇荫下生长不良，开花稀少；不耐积水，受涝则下部叶片黄落；萌蘖性很强，生长迅速。玫瑰原产于东方，玫瑰花很早就被引入了欧洲，中古时期，欧洲人取其药用价值而栽种在修道院的花园中，如今已遍布全世界。

玫瑰花语：

红玫瑰与黄玫瑰混合：愉快幸福。

红玫瑰：我爱你，也表示尊重和勇气。

白玫瑰：你是圣洁的或你是我的。

红玫瑰和白玫瑰混合或白玫瑰围在红玫瑰周围：永远在一起。

黄玫瑰：通常代表幸福美满，有时也表示试着去爱。

粉红色或橙色玫瑰：热切的希望。

酒红色玫瑰：纯真无邪的美丽。

浅色玫瑰：友好或友情。

最佳欣赏地

北京门头沟妙峰山——中国玫瑰之乡

又逢玫瑰盛开时，此时妙峰山紫红一片，香飘满谷，蔚为壮观。成千上万的游客慕名而来，争相踏访。踏着晨露上山，披着朝霞徜徉在花的海洋中，就是为了一睹玫瑰的芳容。北京门头沟区妙峰山的玫瑰花具有花型大、颜色深、花瓣厚、香味浓、含油高等特点，以其品种纯正而驰名华夏。妙峰山被誉为“中国的玫瑰之乡”，堪称“华北一绝”。

观赏最佳地——娘娘庙顶的西侧辟有一块葵花形的玫瑰花圃，供游客欣赏。走进花圃，会看见一尊雪白的大理石雕像——“玫瑰仙子”在玫瑰花丛中亭亭玉立。在这里还能品尝到玫瑰花制成的各种食品，有玫瑰酱、炸玫瑰、玫瑰黄芩茶、玫瑰饼等。

赏花佳期： 5 月 25 日至 6 月 25 日

赏花路线： 阜石路→金顶南路→双峪环岛右拐→石担路→担礼村东→金顶妙峰山牌楼→直达景区

北京玫瑰谷——三道壶边看玫瑰

世界上有两个玫瑰谷，一个是保加利亚索非亚的玫瑰谷，另一个就是中国北京的玫瑰谷。北京玫瑰谷历史悠久，居民是清朝从山西黄河壶口瀑布附近迁来的。他们称瀑布为“道壶”，所以玫瑰谷就有了“一道壶、二道壶、三道壶”之称。一道壶是玫瑰谷最美、最有特点的地方，夏天，树木参天，阳光照不到谷内，瀑布下、溪流边是避暑纳凉的好地方。冬天，冰瀑气势雄伟，两岸如刀切斧剁。

北京玫瑰谷年产几十万斤玫瑰花，主要加工玫瑰油和做成玫瑰酱，用于糕点、食品。

赏花佳期：5月底

赏花路线：北京→北京玫瑰谷

玫瑰花观赏地推荐

北京： 妙峰山　北京玫瑰谷　北京植物园

广东： 宝趣玫瑰世界

山东： 济南平阴

浙江： 玫瑰山庄

上海： 中荷玫瑰园

河北： 玫瑰溪谷

河南： 济源黄河三峡景区

福建： 江津区中山镇爱情天梯景区

江苏： 徐州市万亩玫瑰园

台湾： 台北士林官邸

第十节　山茶花节

“凌寒强比松筠秀　吐艳空惊岁月非”

山茶花又名“茶花”，为山茶科山茶属植物。山茶花花姿丰盈、端庄高雅，为我国十大传统名花之一。

花语：可爱、谦让、理想的爱、谨慎、了不起的魅力。

她那小心翼翼的凋谢方式与小伙子追求心爱的姑娘时的态度相仿，渐渐地山茶花成了表达爱慕之情的媒介。在几乎所有的鲜花都已枯萎了的冬季，红色的山茶花格外让人感觉温暖。

山茶花原产于喜玛拉雅山一带，起初我国浙江、江西、四川、山东，日本和朝鲜半岛均有分布，后来传遍欧美，成为世界知名的花卉。目前我国山茶花品种已有300个以上，在浙江、福建和江苏等地大量种植。

最佳欣赏地

四川赏山茶好地——“唯有山茶偏耐久”

中国山茶花以云南山茶闻名，但四川山茶却出现得要早一些，至今有1 000多年。三国时期张翊的《花经》以“九品九命”的等级评品当时的花卉，将山茶列为“七品三命”，可见中国山茶花由野生发展到人工栽培，并成为人们喜爱的观赏性花卉，至少已有近1 800年的历史。唐代贯休的《山茶花》：“风裁日染开仙囿，百花色死腥血谬。今朝一朵堕阶前，应有看人怨孙秀。”吟的就是四川山茶花。五代十国时期后蜀花蕊夫人的《咏山茶》：“山茶树树采山坳，恍如赤霞彩云飘。人道邡江花如锦，胜过天池百花摇。”描述了当时四川山茶的开花景象。

四川山茶花有牡丹之绚丽、梅花之傲骨、松柏之情操。四川野生山茶古树资源之丰令人称奇，仅峨眉山脚、洪雅一带就有逾百年的野生山茶古树9 000余株，邛崃山脉也有近万株百年以上的山茶原始种，川北的江油、川南的古蔺都大量分布着野生山茶。重庆市有两株百年人工栽培的“花王宝”古山茶，一株名为“翻天印”，有400多年历史；另一株名为“七心红”，也有160年以上。四川什邡居民也发现了两株530年的古山茶。人工栽培的最古老的山茶树是四川彭州市的两株“元宝”，堪称“山茶之圣品”，距今已有千年。

赏花佳期：3月至4月

赏花路线：峨眉山→成乐高 速→成雅高速→新津/邓双→103省道→岷江大道三段→岷江大道二段→岷江大道一段→五河路→玉石街→108国道/黄鹤楼大道→东星大道→东环路→棉花街→市府街→邛崃

江西省南昌茶花节——千朵齐放 姿态万千

平日印象中，茶花好像就是那种红红的很大一朵，或高或矮，长在路边绿化带中，是一种很普通的花，从未给人更多的惊喜。直到有一天，走进江西省林科院山茶园，看见千朵茶花竞放，颜色也不再是简单的红色的时候，才会改变这一看法。山茶园是江西省林科院的山茶基因库，景象的确不同，树上的花朵不再是常见的茶花，不再是简单的红色。看了这里的山茶花，才知道什么是"满树"，什么叫"怒放争艳"！你能想象出几十朵花开在一棵树上的景象吗？要是几百朵，几千朵呢？这绝对是一种从来没有过的视觉体验。

赏花佳期： 3月下旬至4月下旬

赏花路线： 江西→南昌→经济技术开发区→枫林大道省林科院→山茶园

山茶花观赏地推荐

四川： 峨眉山　乐山　邛崃山　天台山

江西： 南昌市

广东： 中山詹园茶花

浙江： 杭州动物园　温州市

云南： 昆明市　玉峰寺

湖北： 武汉黄陂木兰山风景区木兰花苑

第十一节 杏花节

"一波春水绕花身 花影妖娆各占春"

杏花是古老的花木，公元前问世的《管子》就有记载，因此，在我国至少已有2 000～3 000年的栽培史。它既能采果又能赏花，在果木生产和城市美化中都占有重要地位。盛开的杏花艳态娇姿、繁花丽色、胭脂万点、占尽春风。如果成列种植，春日里则红云朵朵、壮丽动人；如与垂柳混栽，在柳叶吐绿时，更显明艳。10多年以上的老杏树姿态苍劲、冠大枝垂，若孤植于水边，水中倒影别具风姿。

杏花有变色的特点，含苞待放时朵朵艳红，随着花瓣的伸展，色彩由浓渐渐转淡，到谢落时呈雪白。"道白非真白，言红不若红，请君红白外，别眼看天工。"这是宋代诗人杨万里对杏花的描写。

杏花在我国传统中是十二花神之二月花，足显其地位之高。在我国分布很广，集中栽培区域为东北南部、华北和西北黄河流域各省。

最佳欣赏地

江苏徐州云龙山——“一色杏花三十里”

云龙山西侧有一处茂密的杏花林，自北向南逶迤远去。每年3月，阳春回暖，洁白如雪的杏花一树树、一簇簇地开放。花团锦簇、蜂蝶纷飞，淡淡的香气弥漫四野、沁人心脾。远远望去，临山傍水的杏花林气势非凡，更有踏青的男男女女徜徉其间，诗意盎然。苏轼在知守徐州时曾写有一诗，叙及云龙山下的杏花盛况：“云龙山上试春衣，放鹤亭前送落晖。一色杏花三十里，新郎君去马如飞”。自此以后，云龙山下的杏花就成了徐州的一处人文景观，并被叫做“杏花村”。到了清朝的时候，那个爱好附庸风雅的乾隆皇帝南游到了徐州，在云龙山上遥看杏花如海，遂兴致勃发，笔录苏轼诗于纸上，字体飘逸，如行云流水，命人勒石成碑，悬于壁上。苏轼的诗、乾隆的字倒也是两绝，自此，云龙山的杏花村更加闻名遐迩。游杏花村当在清明之前，阳春三月万木刚刚发出嫩芽，而绵延数里的杏花却已是蓬蓬勃勃地碧雪连天了，徜徉其中，仿佛畅游在香雪海。如碰到阴雨天，就可以真实地感受“杏花春雨”的意境；晴朗的日子，躺在树下，微风轻盈地吹过，花瓣旋转而落，花落如雨。

赏花佳期： 3月下旬至4月

赏花线路： 徐州→云龙山

石家庄棋盘山——百年老树　杏花成谷

棋盘山杏花沟的杏树以几十年、上百年的老树为“中坚力量”。这儿的杏花花期较晚，但持续时间较长。杏树的分布从枣林村开始直到棋盘山宾馆，全约长16里，“十里杏花沟”名副其实。随着山势和海拔的变化，杏花开放的时间也有很大差异，从3月下旬枝条泛红到杏花落尽要持续20天左右。因为这里的杏树都是自然生长，所以枝条“芜杂”，杏花开得也“毫无规则”，正因如此，杏花谷更加受到摄影爱好者的垂青。

赏花佳期：3月下旬

赏花路线：从胜南客运站乘车到赞皇县内，在赞皇县客运站和中医院附近，有往返于景区和赞皇县城的班车

石家庄封龙山——近郊赏杏好去处

封龙山可以说是距石家庄市最近的一个赏杏花的景区了。封龙山景区主要有两个看杏花的好地方，一处是山下的果园，每当这里的杏花迎春怒放，特别漂亮；一处是山腰药王庙附近的餐厅处，其周边遍是杏花。山上的杏花能开到4月初，3月中旬是最好的观赏季节。

赏花佳期：3月中旬至4月

赏花路线：在火车站乘坐211路公交车到铜冶镇后，乘出租车前往封龙山

杏花观赏地推荐

河　南：郑州嵩山南路梨梁寨生态园　郑州樱桃沟景区的满仓家园　新密神仙洞纵横谷景区

江　苏：徐州云龙山

河　北：藤龙山　封龙山　棋盘山　佛光山

北　京：凤凰岭　延庆香营乡新庄堡村

山　东：济南长清区张夏镇　滨州

陕　西：泾阳太平镇

新　疆：吐鲁番鄯善县鲁克沁乡

黑龙江：佳木斯

山　西：夏县

甘　肃：东乡县唐汪乡　天水市秦州区

宁　夏：彭阳

青　海：贵德县

辽　宁：朝阳云蒙山

安　徽：安徽合肥杏花公园

第十二节　梨花节

“忽如一夜春风来　千树万树梨花开”

梨花冰身玉肤、凝脂欲滴、妩媚多姿，是柔的化身；梨花抖落寒峭、撇下绿叶、先开为快、独占枝头，是刚和柔的高度统一。

印象中梨花是一种安静的花，总是静静地开放在一角。花期与桃花、杏花相同，在桃花、杏花的绚烂色彩中很容易被忽视，仔细品味，却觉得梨花颇为不俗。自古以来，梨花寄托着无数文人的情思，一树梨花伴着一段风月、一处客栈、一座庭院、一条小溪、一缕春风。每一朵梨花都有一段故事，都寄托着一颗心灵。“一树梨花一溪月，不知今夜属何人？”

花语：纯情，真爱，一辈子不弃不离。

最佳欣赏地

浙江余杭鸬鸟镇——梨花开成海

杭州余杭鸬鸟镇蜜梨园的梨花开了，放眼望去，素雅洁白的梨花犹如一片雪海。鸬鸟镇是余杭区蜜梨栽种面积最大的乡镇，有 8 000 多亩梨树，被称为“蜜梨之乡”。鸬鸟栽梨历史已有几百年乃至上千年，至今全镇有百年以上的沙梨树 300 多株，这些古梨树树冠高大，生命力很强。春分过后，气温逐渐升高，梨树上含苞欲放的花蕾不时探出头来，一旦时机成熟便会露出笑脸。从 3 月下旬开始，全镇梨树普遍开花，尤其是蜜梨特色园区内，3 000 多亩梨花一齐绽放，铺天盖地。

除了梨花，鸬鸟镇还有大面积的桃花、玉兰、野山樱花、杜鹃、紫藤花和许许多多叫不出名字的小花。鸬鸟镇称得上是一个花的世界、春的海洋，处处花团锦簇、满眼尽是春色。

赏花佳期： 3 月下旬至 4 月

赏花路线： 从杭州出发，绕城高速西勾庄下，沿 104 国道至彭公转 04 省道直达鸬鸟镇

安徽砀山——“无人不道看花回”

安徽砀山被誉为“梨都”，有梨树3.3万公顷，是我国最大的梨园。每到阳春三月，正是砀山梨花盛开之时，一派“千树梨花千树雪，一溪杨柳一溪烟”的美景。

残雪消尽，草熏风暖，一夜春风一夜花。春日里的砀山淹没在梨花中，到处都是梨花开了，梨花开了！阳光下千顷梨花晶莹似美玉，白得让人看不出它的情绪；月光里万顷白雪朦胧如河汉，美得让人无法用语言形容。清风过处，梨枝缓摆，颤巍巍黏露欲滴；骤雨初歇，花落似梦，款款飞如蛱蝶，满径香雪风情万种。砀山人说，忘不掉砀山，因为砀山是香的，处处扑鼻而来的都是带着丝丝甜意的气息。

赏花佳期：3月底至4月初

赏花路线：到达砀山县城以后，有县城至良梨镇的直达公车

梨花观赏地推荐

四川：新津县梨花溪　甲居藏寨　丹巴　绵竹　双流　苍溪县
武汉：武汉汉南区梨园
浙江：余杭鸬鸟镇
安徽：砀山梨产地
贵州：贵州音寨
重庆：永新凤凰山
河北：赵县梨园
湖北：百里洲砂梨园
北京：北京大兴庞各庄

第十三节　荷花节

“接天莲叶无穷碧　映日荷花别样红”

荷花天生丽质，出淤泥而不染，深受我国人民的喜爱，古往今来有很多咏唱荷花的诗文。战国时期的伟大诗人屈原在《离骚》中写道：“制芰荷以为衣兮，集芙蓉以为裳。”宋代诗人杨万里也写道：“毕竟西湖六月中，风光不与四时同，接天荷叶无穷碧，映日荷花别样红。”周敦颐《爱莲说》赞荷花“出淤泥而不染，濯清涟而不妖。中通外直，不蔓不枝，可远观而不可亵玩焉。”相传农历6月24日是荷的生日，古时候这一天为荷花节，人们相约观赏荷花，热闹非凡。每当采收莲子的时候，男女青年泛着轻舟，在高过头顶的荷丛中穿梭往来，姑娘羞涩地低头弄莲子，小伙子一片深情，情深如许。

“白色为莲，红色为荷。”荷花花瓣多嵌生在花托穴内，有红、粉红等多种颜色，或有彩文、镶边等图案。荷花种类很多，分观赏和食用两大类。原产亚洲热带和温带地区，我国早在周朝就有栽培记载。

荷花花语：清白、坚贞纯洁。

花期：6至9月。

最佳欣赏地

微山湖荷花节——千亩荷田艳“荷都”

盛夏的微山生机勃勃、激情涌动。微山人文和自然资源富集，被誉为“中国荷都”、“北方水乡”和“铁道游击队的故乡”。微山湖是我国北方最大的淡水湖，有亚洲最大的10万亩天然荷花池。每年从5月至10月，10万亩荷花争相开放，青翠的荷叶、红白相间的荷花、澄清的湖水、悠悠的白云令人心旷神怡。

桥头村历来有种荷、赏荷、爱荷的传统。近年来，桥头村辟出1 000多亩地，建成了以荷为主题的莲湖公园。园中的莲湖、荷文化长廊、荷文化雕塑群、荷文化广场成为桥头村发展荷文化的重要载体。桥头村出现了村村种荷花、处处见荷花、家家爱荷花、人人赏荷花的盛况。

赏花佳期： 7至8月份

赏花路线： 济南→济宁→微山→微山湖

西昌市高枧乡张林村——荷色生香

荷色生香景区位于西昌市高枧乡张林村，以莲藕种植成规模，莲花景致典雅而闻名。2 000 多亩的荷塘荷叶墨绿如画，错落有致的观景平台和千米长廊张灯结彩；亭阁高低错落、古朴典雅、精美别致，与荷花相映成趣，与曲栏遥相贯通。漫步观景长廊，可欣赏“小荷才露尖尖角，早有蜻蜓立上头”的诗情画意，又可赏字画、猜谜语，感受这一君子之花“出淤泥而不染，濯清涟而不妖”的情操；或看荷农淤泥中捞白藕，或亲自下田摸藕，体验劳作乐趣，感受那种“乱入池中看不见，闻歌始觉有人来”的美妙情景。走累了，就坐下品荷叶茶、吃荷叶冰粉、荷叶凉粉、莲子粥、荷叶蒸肉，既饱眼福又饱口福。

赏花佳期： 6 月底至 8 月份

赏花路线： 西昌大成客运站乘坐环湖巴士到矿泉花园站

荷花观赏地推荐

北京： 圆明园　颐和园　什刹海荷花市场　紫竹院公园　北京植物园　龙潭西湖公园　莲花池公园　玉渊潭公园　北海公园　大观园

河北： 白洋淀

浙江： 杭州西湖

湖南： 张家界

四川： 西昌市高枧乡张林村

新疆： 博湖县乌兰再格森乡

第十四节　茉莉花节

“众叶薿薿开绿云　小蕊大花气淑贞”

许多国家都将茉莉花作为爱情之花，青年男女之间互送茉莉花以表达坚贞的爱情。茉莉花也是友谊之花，当人们表示尊敬与友好之时，敬献一个芬芳美丽的茉莉花环，早已成为一种礼节。

茉莉花早在汉代就从亚洲西南传入中国，迄今已有近2 000年的历史。玫瑰花的经济价值很高，主要用于窨制花茶。茉莉花茶原产地在中国西部、印度、波斯湾，现广泛植栽于亚热带地区。茉莉花茶因产地不同，品质与制作工艺也不尽相同，各具特色。我国最为著名的茉莉花产地有福州、福鼎、金华、苏州、歙县、黄山、横县、重庆等地。

茉莉花开花时间：从初夏即陆续开花。

茉莉花花语：忠贞、尊敬、清纯、贞洁、质朴、玲珑、迷人。

最佳欣赏地

广西横县茉莉花节——“树树奇南结 家家茉莉开”

广西横县地处广西东南部，是农业部和中国花卉协会正式命名的“中国茉莉之乡”，种植茉莉花10万亩，白玉兰花1.5万亩，年产鲜花8万多吨。种植茉莉花的农户有6.8万户，花农33万多人，是全国最大的茉莉花生产和花茶加工基地。

这里茉莉花种植历史悠久，有资料记载的历史已有400多年。横县种植茉莉花的自然条件得天独厚，所产茉莉花以花期早、花期长、花蕾大、产量高、质量好、香味浓而闻名。

赏花佳期： 8月份

赏花路线： 横县汽车站→沿迎宣西路→中山中路→横县茉莉花园

犍为茉莉花节——“绿色”茉莉花

据《犍为县志》记载：犍为县种植茉莉花历史悠久，已有300多年历史。因其独特的气候和土壤条件，犍为所产茉莉花朵大、瓣厚、洁白，香浓，质优。犍为花农开展无公害栽培和病虫害防治技术研究，全面实施“茉莉花密植育苗技改”。犍为茉莉花及茉莉花茶被农业部认证为无公害产品，被列为全国茉莉花农业标准化工作示范基地。

犍为茉莉花节活动以群众性为主体，内容主要包括茉莉花采摘大赛、茉莉仙子选拔大赛、茉莉花摄影大赛、茉莉花基地观光、茉莉花茶制作体验和茉莉花茶艺比赛。

赏花佳期： 7月至8月

赏花路线： 成都→成乐高速、乐宜高速→犍为南出口→213国道→清溪镇 清大路（大马、杪椤湖）→蜀南茉莉香都

茉莉花观赏地推荐

广西：广西壮族自治区横县茉莉花

四川：犍为县茉莉花

福建：福州茉莉花

江苏：南京茉莉花

第二章

采摘节庆：体验收获的心情

第一节　草莓节

“轻惬唇舌情难消”

草莓属多年生草本植物，外观呈心形，色泽鲜美红嫩、果肉多汁、芬香味美。草莓不但好看好吃，而且营养价值极高，内含丰富的维生素，有助消化、固齿龈、清新口气、润泽喉咙的功效。

我国是世界上草莓野生资源最丰富的国家，很早就开始利用野生草莓开展人工栽培。目前草莓种植面积约 7 万公顷，居世界第一位，主要产地有江苏邳州、泗洪、连云港、安徽合肥、辽宁丹东、河北保定、山东烟台、潍坊等。

最佳采摘地

邳州港上草莓节——四月草莓娇欲滴

港上镇位于邳州东北部，是邳州市生态农业大镇。港上镇环境优美，景色宜人，种植草莓2万亩。

芳菲四月、春光明媚，港上草莓大棚里满眼红绿相间，草莓娇艳欲滴。2010年港上镇开始举办草莓节，节日期间举办专家讲学、业界交流、果品订购、自采比赛、草莓王评选、草莓经纪人评选、种植能手评选以及民间艺术表演活动。

采摘时间： 4月份

举办地点： 主会场设港上万亩草莓园

推荐路线： 主会场→港上万亩草莓园→草莓广场→草莓服务中心建设现场→港后路→江苏（港上）银杏苗木服务中心→310国道→富兴源酒店

青岛夏庄法海寺草莓采摘节——温室里的草莓

法海寺生态农业观光园位于青岛市城阳区，是千年古刹法海寺的后花园。生态园现有自动化恒温生态大棚30个，生产的各种有机蔬菜全部通过国家认证，是2008年奥帆赛蔬菜种植基地。生态园集精品蔬菜水果生产和生态旅游为一体，有两处3 000平方米立体营养基质栽培草莓的智能联栋温室，其中包括20个节能型日光温室和60亩优质果品观光采摘园，另有一处1 000平方米的智能工厂化育苗温室。

草莓采摘区所产的日本甜宝、丰

香等草莓与普通草莓相比具有个头更大，口感更加绵软香甜的特点，维生素C含量比普通草莓高出2倍还多。

活动时间：4月至6月

举办地点：青岛市城阳区夏庄街道源头社区法海寺观光园

推荐路线：自青银高速夏庄出口、308国道、正阳路经王沙路到与华仙路交会处南100米向东120米即到

草莓采摘地推荐

山东：济宁南阳湖农场　青岛夏庄法海寺草莓园

江苏：邳州港上草莓园

北京：昌平区草莓园

上海：扬扬草莓园

第二节 樱桃节

“一树樱桃带雨红”

樱桃分为3大类：欧洲甜樱桃（俗称大樱桃）、中国樱桃（小樱桃）和毛樱桃。樱桃花称为樱花，果实可作为水果食用，营养丰富。色泽鲜艳、晶莹可人、红如玛瑙，黄如凝脂。

中国栽植樱桃的历史悠久，早在周代典籍《礼记·月令》中就有记载：“羞以含桃，先荐寝庙。”含桃即是樱桃。“莹惑晶华赤，醍醐气味真；如珠未穿孔，似火不烧人；琼液酸甜足，金丸大小匀。”这是唐代大诗人白居易赞美樱桃的诗句。成熟的樱桃好似一张张红红的笑脸，欢迎观光采摘的人们。

大樱桃喜温喜光，长于山坡阳处或沟边，怕涝怕旱、忌风忌冻，适于年平均气温10℃以上。野樱桃在亚洲和欧洲各有两大品种，互相没有任何联系。樱桃主要分布在北半球，我国主要产于山东、安徽、辽宁、河北、陕西等省区，安徽省太和县樱桃在清朝时一直是皇家贡品。

最佳采摘地

海淀区樱桃节——京郊樱桃第一枝

经过多年的发展，北京市海淀区樱桃种植面积达万亩，樱桃观光采摘园40余个，主要分布在海淀的四季青镇、温泉镇、西北旺镇、上庄镇和苏家坨镇，共有百余个品种，主栽品种为红灯、红艳、红蜜、早大果等，年产量130万公斤。“又是一年春草绿，依然十里樱桃红。”每年初夏时节，素有“春来鲜果第一枝”美誉的樱桃红遍海淀区大大小小的种植园。

特色活动：“田园海淀、生态中关村”评选最佳樱桃园、樱桃擂台赛等一系列活动让首都市民采摘美果、品尝美食、欣赏美景、亲近自然、放松心情，实现城乡互动，分享果农丰收的喜悦，搭建优质农产品与市民对接的平台。

采摘时间：5月中旬至6月中旬

举办地点：海淀区内各乡镇樱桃园或公园、商场的广场

推荐路线：四季青镇、温泉镇、西北旺镇、上庄镇、苏家坨镇、西山农场各樱桃园

中国大连（金州）国际樱桃节
——“果中珍品”大樱桃

金州新区种植大樱桃已有100多年的历史，其地处辽东半岛南部，东临黄海、西濒渤海，恰好位于北纬38°至40°之间，气候和土壤等自然条件非常适合大樱桃生长。大樱桃果实色泽艳丽、果肉柔软多汁、营养丰富、食用价值极高，被誉为“果中珍品”。

近年来，金州新区把发展大樱桃作为地区农业产业化调整的重要组成部分，形成了规模生产格局，并逐渐发展成为当地农业支柱产业。中国大连（金州）国际樱桃节是以金州大樱桃产业为支撑，以国家地理标志商标为品牌的旅游节庆活动，每年6月在大连金州举办，为期3个星期到1个月。樱桃节以大樱桃为媒介，举办十几项旅游、文化、经贸活动，现已成

为享誉国内外的旅游节庆活动。

特色活动：樱桃节期间，“艺术乡村”活动征集、展出豆画、麦秸画、农民画、十字绣、珠艺、手工编织等作品；“食在乡村”活动呈现“金州菜标准化烹饪大赛”的参赛作品近百道；还有“浪漫乡村”诗歌楹联征集活动和“甜蜜乡村”樱桃之约集体婚礼。

采摘时间：每年6月份，为期3个星期到1个月。

举办地点：金州新区

推荐路线：大连市→金州新区

青岛北宅樱桃节——樱桃熟了

“樱桃红了——来青岛北宅，品中华春果第一枝”；“浓情五月，相约青岛北宅樱桃节”。游客们可以随意在樱桃树上采摘，品尝刚成熟的樱桃，品尝北宅当地的农家宴。

北宅是中国樱桃之乡，樱桃总面积近万亩，20余个品种。北宅不失时机地抓住“北宅樱桃”这一众口皆碑的绿色品牌，自1996年举办第一届北宅樱桃节以来，已连续举办了16届。樱桃节围绕“多点一线”打造旅游名镇的发展思路，突出“走进绿色旅游，感受生态文明”主题。目前，青岛北宅樱桃节已成为青岛市最成功的

农业旅游项目之一，取得了良好的经济效益和社会效益，成为增加农民收入、加快农业产业结构调整的重要途径。

特色活动：北宅樱桃节有很多新元素，品尝樱桃、趣味文化活动、山乡美食、登山健身一个都不能少。淳朴的北宅农民让游客吃得放心、玩得开心、游得舒心、逛得顺心。

采摘时间：5月中旬左右

举办地点：青岛市崂山区北宅街道

推荐路线：乘坐公交110、112路、387路、311路、365路；自驾游驾车到青岛滨海大道至北宅

成都浦江樱桃节——全方位的感受

每年4月至5月的蒲江樱桃节期间，万亩樱桃园里枝头挂满红透了的樱桃。樱桃摘下来用不着水洗，直接丢进嘴里，现摘现吃，保证干净新鲜。蒲江樱桃特别嫩、特别水灵，一把一把地往嘴里塞，用不着多大劲就可以让肉与核分开，然后将果肉吞下，感觉爽极了。还可以品尝樱桃鸡、樱桃肉，喝樱桃酒，还有春芽儿、折耳根、白刺尖、鹅脚板、水芹菜、苕尖、蕨菜……一道道农家风味的美食。当你呼吸清新的空气、品味香甜的樱桃、静望连绵的山岭、沐浴清爽的山风的时候……会是怎样的一种感觉呢！

特色活动：参加吃樱桃比赛、捕捉樱桃鸡、滚铁环、坐大花轿、坐鸡公车、经典老歌擂台赛、趣味游园，看幺妹灯、火龙、唢呐表演、驭虹腰鼓等蒲江民俗表演。

采摘时间：4月下旬至5月上旬

举办地点：蒲江县光明樱桃观光休闲区（景区范围：金花村、韩桥村、官帽村）、鹤山镇、朝阳湖镇、成佳镇等区域。

推荐路线：公交：新南门汽车站乘车到蒲江，转成乡村客运；自驾：成雅高速蒲江收费站出口，沿朝阳大道到樱桃山景区

樱桃采摘节推荐

北京：通州区樱桃园　海淀区樱桃园

山东：青岛山色峪樱桃山　青岛云山大樱桃

武宁镇英雄湖樱桃

大连：大连樱桃采摘园　金州樱桃园

四川：成都蒲江樱桃园

陕西：铜川市樱桃园

第三节 西瓜节

“碧蔓凌霜卧软沙 年来处处吃西瓜”

西瓜堪称“瓜中之王”，每到成熟的季节，远远看上去，瓜园里一片绿汪汪的，绿叶下面藏着一个个圆圆的大西瓜。西瓜味甘汁多、清爽解渴、富含营养，是盛夏解暑佳果。

中国的西瓜产地，南方以海南岛为主要产区，海南岛依其独有的气候，一年四季均盛产西瓜；北方以山东为主要产区，主要集中在鲁西北地区的聊城、潍坊、昌乐、德州等地。潍坊市昌乐县尧沟镇的早熟西瓜最为出名，有“中国西瓜第一镇”的美誉；潍坊固堤洪泽西瓜培育场培育的“郭牌麒麟”西瓜，在国内首屈一指。

最佳采摘地

北京大兴西瓜节——“中国西瓜之乡”

辽代中期，西瓜在中国北方地区普遍种植，金代成为进献皇宫的主要瓜品，元、明、清三朝相沿不断。大兴西瓜一直是贡品，素有“中国西瓜之乡”的美誉。大兴区西瓜种植以庞各庄为中心，其周边6镇所辖的200多个村庄均以种植西瓜为业，“大兴西瓜”早已成为京城百姓信赖的品牌。大兴每年西瓜种植面积8万亩左右，西瓜总产2.6亿公斤，面积、产量均居京郊各区县之首。从1988年开始，每年5月28日大兴都举办西瓜节。

特色活动：文艺表演、经贸洽谈、观光旅游、商品展销、甜西瓜擂台赛。

采摘时间： 5月下旬

举办地点： 庞各庄

推荐路线： 乘937路、842路庞各庄站下车，向东2 000米处

西瓜采摘推荐

北京： 北京大兴西瓜

山东： 平度市明村镇西瓜

河南： 河南·中牟西瓜

湖北： 石首东升西瓜

江苏： 横溪西瓜

第四节　杏子节

"杏花结子春深后　谁解多情又独来"

杏子是中国北方的主要果树品种之一，以果实早熟、色泽鲜艳、果肉多汁、味道甜美、酸甜适口为特色，在春夏之交的果品市场上占有重要地位，深受人们喜爱。

杏在中国分布范围很广，除南部沿海及台湾省外大多数省区皆有，集中栽培区为东北南部和华北、西北等黄河流域各省。近年来为了发展杏商品基地，先后在一些老产区建成了一批新品种基地，如河北巨鹿广宗的串枝红杏基地、山东招远的红金榛杏商品基地、张家口大扁杏商品基地、北京的水晶杏基地、山东崂山关爷脸杏基地、历城红荷苞基地、河南渑池仰韶红杏基地、陕西华县大接杏基地、甘肃敦煌李光杏基地和新疆英吉沙杏基地等。这些基地选用名优品种，应用科学的栽培管理技术，使我国杏生产水平跃上了一个新台阶。

最佳采摘地

北寨红杏采摘节
——“纵被春风吹成雪 绝胜南陌碾成尘”

“红杏枝头春意闹”的境界让很多人都心驰神往，诗里的“红杏”就是春天的杏花，就在北京平谷。平谷区东北部有个北寨村，四面环山、风景优美，然而最让人垂涎的还是那里的红杏。

20世纪50年代，北寨村民发现有那么一两棵野生杏树结的杏特别好吃，于是将其进行了嫁接，培育出独步杏林的“北寨红杏”。如今，北寨红杏已经从最早的一两棵，发展到上万亩。让人称奇的是这种杏只能在某一片山地生长，即使只是将它移出山口，味道也会发生改变，真是应了“橘生淮南则为橘，生于淮北则为枳”这句话。每年的6月底，北寨村都举办红杏采摘节。在第六届北寨红杏采摘节上，北京果树协会向北寨红杏颁发了首个“北京唯一性农产品”标牌，并总结出了北寨红杏的8大特点：一是果大形圆；二是色泽艳丽；三是皮薄肉厚；四是味美汁多；五是鲜食不倒牙，不伤胃，食后口有余香；六是核小，离核，甜仁；七是营养丰富；八是耐储运。

采摘时间： 6月下旬至7月中旬

举办地点： 南独乐河镇北寨村

最佳线路： 平谷城区→走平冀路到夏渔路口左转→鱼子山十字路口右转（第二个十字路口）→独乐河镇北寨十字路口左转→北寨

青岛夏庄少山红杏节——少山红杏关爷脸

少山地处崂山石门山西麓，西邻王沙路及法海寺，南邻太和山旅游景区，有山林 3 200 亩，经济林 1 500 余亩，年产水果 500 万公斤。这里河道流域广阔、水质优良、环境优美，是以少山红杏为主的水果之乡。

少山的杏有悠久的种植历史，远近闻名。据记载，明代山东即墨望族黄氏于 1522 年在石门山西麓建书院一处（下书院），并在书院前后栽种杏树。经数年精心培育，结出的红杏品质出众，号称“黄氏红杏”。官拜兵部尚书的黄嘉善返京时，携带红杏一篓献于万历皇帝。万历观其形、察其色、品其味，龙颜大悦，遂赐此杏为“关爷脸杏”，少山红杏由此名扬天下。还有一个传说，20 世纪 70 年代，一户农家屋后长了一棵“草杏”，好几年也没人过问，直到有一年尝到了它结出的果实时，才知道这是个好品

种。有了新品种当然要起个好名字，因正值“文革”时期，还是取个“少山红”吧。就这样到了春天改树的时候，左邻右舍都来取枝嫁接，没过几年，“少山红”便迅速地发展起来了。

特色活动：每届少山红杏采摘节都推出以红杏采摘、休闲健身、观光旅游、农事体验等内容丰富、参与性强的文体旅游项目。让游客在品尝少山红杏、少山二号、麦黄等绿色生态果品的同时，能够亲身体验登山健身、休闲观光和采摘的乐趣。

采摘时间：6 月 18 日至 7 月 28 日

举办地点：青岛市城阳区夏庄街道少山社区

推荐路线：自青银高速夏庄出口、308 国道、正阳路、华阴路经王沙路至少山社区即到

杏子采摘地推荐

北京：北寨红杏园、东杏园　顺义区北石槽镇西赵各庄村御杏园

山东：青岛夏庄少山红杏　招远的红金榛杏

河北：饶阳杏园

陕西：华县大接杏

甘肃：敦煌李光杏

新疆：英吉沙杏

第五节 枇杷节

“树繁碧玉叶 柯叠黄金丸”

枇杷树冠呈圆形，树干颇短，叶厚深绿色，背面有茸毛，边缘呈锯齿状。枇杷原产中国东南，因果子形状似琵琶而得名。枇杷与大部分果树不同，在秋天或初冬开花，果子在春天至初夏成熟，被称为“果木中独备四时之气者”。

枇杷喜温暖湿润气候，要求年平均气温15℃以上、湿润且阳光充足的气候和肥沃、排水良好的土壤。虽然枇杷性喜温暖，但在南方常绿果树中它的抗寒力却最强。枇杷在四川、湖北有野生，现全国各地都有栽培。

最佳采摘地

成都枇杷节——欢乐满心甜

世界枇杷之乡在中国，中国枇杷之乡在龙泉！龙泉大五星枇杷已成为水果市场最畅销的产品之一。成都枇杷节以“枇杷遍龙泉，欢乐满心甜”为主题。开幕式通过歌舞、器乐、民俗展示等节目，特别是琵琶演奏，让大家感受枇杷节的独特魅力和欢乐氛围。

特色活动：“笑星当果农、欢乐枇杷送”——巴蜀笑星欢乐枇杷行活动；枇杷园里做枇杷——枇杷厨艺展示、枇杷美景、汉唐婚礼秀、客家风情节等丰富多彩的活动，让大家在品尝美味可口的枇杷同时，也能深深地感受到枇杷节快乐的主题。

采摘时间：4月下旬至6月下旬

举办地点：四川省成都市龙泉驿区

推荐路线：五桂桥汽车站→龙泉驿汽车站（223路公交车）；成仁公交站→龙泉驿汽车站（332路、218路公交车）

杭州塘栖枇杷节——江南佳丽 塘栖品质

“五月江南碧苍苍，蚕老枇杷黄”。塘栖枇杷源远流长，蕴涵运河文化的神韵。塘栖枇杷有平头大红袍、软条白砂、红毛丫头、杨墩、夹脚等多个品种，但它们共同的特点是：“麻点小雀斑（当地有个说法，一点麻子一点福），好货园里边。”

中国杭州塘栖枇杷节从1999年开始举办，2006年加入世博会，具有规模大、特色鲜明、内容丰富、形式新颖、活力迸发的特点。枇杷节推动了枇杷产业、休闲农业、古镇旅游的发

展，弘扬了运河文化，为打造“江南佳丽地、塘栖品质城”，为实现由古镇向新城华丽转身，推动经济发展方式转变提供了有效载体。

采摘时间： 5月20日至6月10日

举办地点： 浙江省杭州市余杭区塘栖镇

推荐路线： 沪杭高速临平出口下→迎宾大道→09省道→塘栖镇

枇杷采摘推荐

四川： 成都枇杷园

浙江： 杭州塘栖枇杷园

北京： 小汤山

湖北： 荆州八岭山植物园

第六节 桑葚节

“桑葚青红鸠颈洞 麦花开落雉蹒跚”

一般过了立夏，桑果也由鲜红变为紫红。一串串沉甸甸的桑果挂满了枝头，像节日里的彩灯挂满杆头。桑果熟透啦！春天的第一批桑果熟了！桑园结满了白中带红、红得发紫、紫得发黑的桑果。因桑树特殊的生长环境使桑果具有天然生长、无任何污染的特点，所以桑葚被称为“民间圣果”，又被誉为“东方神木”，具有保健滋养的功效。桑葚生于丘陵、山坡、村旁、田野等处，现多为人工栽培，种植分布于全国各地。

最佳采摘地

凤凰岛生态旅游区桑葚节——红如玛瑙白似脂玉

扬州凤凰岛景区拥有20亩桑葚园，栽种的全部都是当地有名的杨氏水果型桑葚。此桑葚个大粒满，甘甜味美，含有多种人体所必需的维生素，营养价值极高，是集保健、养生、美容为一体的水果。时至今日，凤凰岛生态旅游区已成功举办了3届桑葚节，前来采摘的人一年多于一年。

每年的4月初至6月上旬，凤凰岛生态旅游区内的那一大片桑葚园都会迎来一批又一批的采桑客，这是在华东地区名闻遐迩的以专门采摘桑葚为主题的生态园区。景区结合采桑每年都推出主题活动，以丰富桑葚采摘节的内涵和形式，就像采桑民谚所说的：小时绿、长大红、换了紫袍惹馋虫。采桑时节，那一队队由男女老少组成的“馋虫”们也是一道风景线呢！

采摘时间： 4月底至6月

举办地点： 扬州凤凰岛旅游区

推荐路线： 扬州市区乘66、33、35、45、210路转乘10路公交车到终点站直抵凤凰岛，也可乘4路在万福闸站转乘10路公交直抵凤凰岛

天宫庄园桑果节——都市村庄　城市花园

位于宁波市鄞州区的天宫庄园素有“都市里的村庄、城市中的花园”之美誉，是以桑果为媒，以节搭台，集农林观光、生态休闲、新农村展示、文化旅游、亲子游乐于一体的国家4A级旅游景区、全国五星级休闲农业、乡村旅游示范园区和全国农业旅游示范点。天宫庄园桑果园占地面积40多万平方米，是国内最大的桑果种植基地。桑果品种主要为“大十”，每年的5月份是桑果的成熟季节，当地都要举办以“快乐农庄，紫色诱惑”为主题的桑果节，游客们穿行于桑田间，观赏枝头累累硕果，随意采摘，细细品尝，充分享受“采桑之旅”的酸甜乐趣。

特色活动： 在为期一个多月的桑果节期间，广大游客不仅可以在桑园里尽情采摘、品尝桑果，也可以在植物世界里探索奥秘，在游乐城里尽情玩耍，在西江古村里感受古韵。

采摘时间： 4月下旬至5月底

举办地点： 天宫庄园

推荐路线： 甬台温高速→宁波东出口下→鄞县大道→天宫庄园

东营龙居紫葚采摘节——千年古镇　采桑基地

东营区龙居镇作为千年古镇因宋太祖赵匡胤曾到此居住而得名，是典型的农业乡镇，是东营市最大的桑蚕示范基地。近年，东营区龙居生态园被授予国家级AA级旅游景区。春暖花开，进入收获期的桑葚基地到处飘满诱人的果香，游客可以亲手采摘，享受丰收的欢乐，感受欢乐氛围和龙居镇的崭新形象。“东营·龙居紫葚采摘节”着力打造沿黄生态旅游、农家游等农业观光旅游特色。

特色活动： 紫葚采摘、垂钓比赛、文艺演出，乡土风情、特产展示，射击射箭，青年联谊，儿童嘉年华、自行车比赛、迷你沙滩车比赛、麻湾西瓜采摘、自驾游等主题活动。

采摘时间： 5月24～27日

举办地点： 东营区龙居镇

推荐路线： 东营市南二路西行35公里到龙居镇

桑葚采摘推荐

浙江： 宁波天宫庄园

江苏： 凤凰岛生态旅游区

山东： 东营区紫葚

第七节　葡萄节

"满架高撑紫络索　一枝斜亸金琅珰"

《纲目拾遗》中是这样描写葡萄的："琐琐葡萄，出吐鲁番。北京货之，形如胡椒，系葡萄之别种也。"《紫桃轩杂缀》："琐琐葡萄，神农九草之一，中土久有，不俟博望从西域带来也"。据此可知中国栽培葡萄已有 2 000 多年历史。

葡萄为落叶藤本植物，是世界最古老的植物之一，"水晶明珠"是人们对它的爱称。葡萄茎蔓长达 10 ~ 20 米、单叶、互生、花小、黄绿色；浆果呈圆形或椭圆形，果色艳丽、汁多味美、营养丰富；因品种不同，有白、青、红、褐、紫、黑等不同果色；果熟期：8 ~ 10月；主要产于新疆、甘肃、山西、河北、山东等地。

最佳采摘地

新疆吐鲁番葡萄节——吐鲁番的葡萄熟了

新疆吐鲁番葡萄的甜是出了名的，据说这得益于吐鲁番的高温天气。吐鲁番四周被高山围绕，夏季长达15小时的日照时间造就了吐鲁番“葡萄之乡”的美名。

吐鲁番葡萄节项目十分丰富，可以观赏达瓦孜表演，王洛宾音乐艺术馆听歌、西部酒廊品酒，还可以坐在600岁的大桑树下品尝瓜果。如果时间充足，不妨游览火焰山、千佛洞、苏公塔、交河故城、阿斯塔纳古墓等；如果想寻清凉之地，一定要去坎儿井。坎儿井是与万里长城、大运河齐名的中国古代三大工程之一，距今已有2 000多年的历史，是干旱地区取用地下水的一种渠道。穿梭其中感觉特别凉快，舒服得让人不想出来。

特色活动：观赏达瓦孜表演，王洛宾音乐艺术馆听歌、西部酒廊品酒，品尝瓜果。

采摘时间：8月18日至28日

举办地点：吐鲁番地区旅游文化广场

推荐路线：国道312，距乌鲁木齐市东180公里处

青岛宫家村葡萄采摘节——“绿色”的巨峰葡萄

宫家村是青岛市巨峰葡萄原产地，种植葡萄达1 000余亩，因其土质非常适宜巨峰葡萄生长，加上有清甜甘洌的崂山水滋润，成熟后的紫黑色果实具有皮薄、粒大、汁浓、香、甜、爽等特点。2010年获“青岛市名特优农产品”称号，同时获得“中国农产品品牌博览会金奖”。

宫家村在平时葡萄的管理中，坚持使用豆粕、豆饼及有机肥和崂山泉水为灌溉水源，保证了产品绿色环保无污染的良好品质，使游客在品尝葡萄的同时享受到健康的呵护。游客在品尝了地道的农家菜后，在青翠葳蕤的葡萄藤下，倾听热情的主人介绍当地的风土乡情，共度一段山里人家的

悠闲时光。

采摘时间： 4 月至 10 月

举办地点： 惜福镇街道

推荐路线： 城阳：901、902、903、904 到惜福镇下车

渭南葡萄节——三贤故里　葡萄之乡

有“中国葡萄之乡”美誉的临渭区地处关中平原东部，日照充足、土地肥沃、灌溉便利，拥有得天独厚的自然条件。短短 10 年间已经发展成为全国最大的鲜食葡萄生产基地。首届“渭南葡萄节”的成功举办更是让葡萄成了临渭区的一张烫金的名片。

园区位于古下邽县城，这里物华天宝、人杰地灵，自宋代就有“三贤故里”之称。唐代文武全才的宰相张仁愿，伟大的诗人白居易，北宋著名政治家、一代名相寇准，3 位圣贤在这里留下了许多可歌可泣的故事。

2010 年，园区被中国果品流通协

会评为“中国葡萄之乡”，被陕西省葡萄协会评为“陕西葡萄之乡”，被市委、市政府授予“现代农业示范园区”称号。2011 年被国家葡萄产业技术体系确定为“第一示范基地”。

特色活动：葡萄商贸洽谈、葡萄学术研讨、开心果园认领、休闲体验、观光采摘、美食品尝、特色农产品展销和“三贤文化、千年慧照寺”风情游。

采摘时间：8 月 6 日至 10 月 7 日

举办地点：渭南市临渭区渭北葡萄产业园

推荐路线：渭南→经开区→辛市十字→官道小什十字口→下吉镇双官路十字向东 500 米

西乡凤凰村葡萄采摘节——四川新农村印象

“丰收时节果香浓，四方游客聚凤凰。”西乡凤凰村是西昌市精心打造的“乡村八景”经典景区之一，被命名为“凤凰葡萄园”，是集世界各国名优葡萄种植、观光采摘、休闲度假为一体的现代观光农业园区。

园内数千亩葡萄基地集中连片，规则有序；绿提、红提、巨峰等葡萄果肥叶绿、汁多味甜、远近闻名；有“四川新农村——我心目中最美的乡村公路”之称的葡萄大道蜿蜒其间，形成环线；葡萄藤爬上千米景观廊架，形成自然绿荫，供人赏景纳凉；廊柱两侧展示着有关葡

萄的图文资料，与农家文化墙互相映衬；廊下小憩，赏散养鸡漫步，尝葡萄鲜香，品葡萄酒美味。

采摘时间：7月26日至10月

举办地点：西乡凤凰村村委会

推荐路线：经市区出城后，上机场路，通过一个收费站，转入西乡路口，直走3公里，便到达凤凰葡萄园入口

葡萄采摘推荐

新疆：新疆·吐鲁番葡萄园区

山东：青岛大泽山葡萄园　青岛宫家村葡萄园

河南：郑州葡萄园区

陕西：敦煌葡萄园　渭南葡萄园

浙江：浦江葡萄园

四川：西乡凤凰村葡萄园

第八节　苹果节

“芳腴绝胜仙林杏　甘脆全过大谷梨”

苹果，叶子呈椭圆形，花大多白中带红润。秋天、成熟的果实挂满枝头，味道或甜或略酸。苹果有丰富的营养成分，有食疗、辅助治疗功效。

苹果原产于欧洲、中亚、西亚一带，19世纪传入中国。现在中国是世界最大的苹果生产国，在东北、华北、华东、西北等地均有栽培。

最佳采摘地

中国大连国际苹果节——瓦房店那个地方出苹果

中国大连（瓦房店）国际苹果节是以瓦房店苹果产业为支撑，以国家地理标志商标为品牌的旅游节庆活动，举办旅游、采摘、经贸等系列活动。苹果节是瓦房店市节庆活动中规模大、档次高、内容多的盛会之一。

瓦房店栽植名优果树5万株，水果示范基地3 000亩。基地获“大连市水果标准化示范区”、“大连市现代化示范园区”和辽宁省“绿色水果生产科学施肥示范基地”称号。2009年，瓦房店东马屯村有近万吨苹果远销到俄罗斯、泰国、新加坡、中国香港等国家和地区。东马村的苹果先后获得“无公害”、“绿色食品”标志使用权和有机食品果园等认证。“东马屯”牌苹果获得大连市著名商标和农业部优秀农产品称号。

特色活动：果园采摘、苹果优质品种展示大赛、苹果深加工产品展销、苹果产业研讨会、农商对接签约、征文、摄影比赛。

采摘时间：10月份左右，每隔两年举办一次

举办地点：大连瓦房店

推荐路线：大连市→瓦房店

上阳村苹果采摘节——采摘“福禄寿喜”

大阳镇地处临汾市尧都区东部丘陵山区，距离城区20公里，是一个典型的农业乡镇。全村3 800余亩土地上栽植了苹果树，苹果产业与乡村旅游业有机结合，以果为媒、以节为缘、旅游搭台、经贸唱戏。让游客观果园风光、品有机苹果、活跃农村文化、提升生态观光水平。

“领略田园风光，感受采摘乐趣。”一到采摘园，迫不及待的游客

就提着专用篮子，潮水般地拥了进去。游客忙得不亦乐乎，果园主人也热情好客，一派热闹和谐的景象。这里的苹果上都印着“福、禄、寿、喜”等祝福吉祥的字样，采摘者个个喜气洋洋，采摘园里到处欢声笑语。

采摘时间： 10月中旬

举办地点： 位于临汾市尧都区大阳镇上阳村

推荐路线： 在市内乘坐7路公交车到东王汽车站转到大阳镇中巴车；自驾线路：临浮路上阳村即到

渭北塬区苹果节——新园老园皆绿色

宝鸡市渭北塬区是世界苹果最佳优生区的核心区，有百万亩优质苹果产业带。渭北塬区全力推进果业基地化、规模化和市场化，坚持不懈地建园上规模、管理增效益。新建的果园扩大中、早熟品种，推广苹果矮砧集约高效技术。老园改造坚持大改型、强拉枝、巧施肥、无公害4大关键技术。近年已经创建农业部标准果园2个、认证绿色果品基地23.3万亩、有机果品基地3 183亩。

采摘时间： 9月

举办地点： 陕西省宝鸡市各苹果主产区

推荐路线： 连霍高速（西宝段）宝鸡出口

苹果采摘推荐

山东： 烟台苹果园区

大连： 瓦房店苹果园

山西： 山西大阳镇上阳乡村

陕西： 渭北塬区

第九节　梨子节

“白玉花繁曾缀处　黄金色嫩乍成时”

梨即“百果之宗”，因其鲜嫩多汁，酸甜适口，又有“天然矿泉水”之称。

梨主要品种有秋子梨、白梨、沙梨、洋梨 4 种。秋子梨分布在华北及东北各省，果实呈圆形或扁圆形，优良品种有北京的京白梨、辽宁的南果梨等。白梨主要分布于华北地区，果实为倒卵形，优良品种有河北的鸭梨、雪花梨、秋白梨、蜜梨，山西的油梨和山东莱阳的慈梨。沙梨分布在长江流域和淮河流域，果实近圆形，果皮为绿色或褐色，著名品种有安徽的砀山梨等。洋梨在山东烟台与辽宁大连栽培较多，果实呈瓢形或圆形，成熟后果肉脆嫩多汁，石细胞少，香味浓。

因分布范围广，因而梨树物候期差别很大。就花期而言，四川会理一般 2 月上中旬开花，吉林延边 5 月中旬开花；鸭梨在湖南长沙 3 月上旬开花，辽宁北镇 5 月上旬开花，花期相差近两个月。同一地区栽培的梨树，因品种不同，物候期也有差异，从芽萌动到开花，秋子梨最早，白梨稍晚，沙梨晚于白梨，西洋梨最晚。

最佳采摘地

莱阳梨采摘节——五龙河畔百年果

莱阳市西陶漳梨乡风情旅游区位于五龙河畔，清水河南岸，处于五龙河水系冲积平原的中心地带。这里孕育着具有400余年历史之久的，驰名中外的莱阳梨，拥有莱阳梨文化碑廊、定向庭院、双鹤池、婚庆广场、梨乡民俗馆、观韵桥、贡梨园、益寿园、农事文化园、四季园等景点。景区先后获得“山东省农业旅游示范点”、“全国农业旅游示范点”、“山东省旅游特色村”、“AA级国家旅游景区”、“烟台市爱国主义教育基地”等称号。

特色活动：“金秋梨果香，请您来品尝”、莱阳梨状元评比、精品梨园评选、莱阳梨自摘、农事体验、“梨乡易聚会，乡村观光显神威”乡村休闲活动、“五龙河畔有人逛，赏水垂钓精神爽”健身休闲活动和“国民休闲汇，梨乡展风采”摄影大赛。

采摘时间：9月26日至10月15日

举办地点：莱阳市照旺庄镇西陶漳村

推荐路线：烟青一级路莱阳立交桥向南直走，第三个红绿灯左转沿莱羊路直走大约五公里到西陶漳（路北）

北京大兴黄金梨节——相约金秋　畅游大兴

北京大兴梨花村是梨的故乡，是北京种植面积最大、开花最早、品种最多的古梨树群落，是全国罕见的平原古梨林群落，有百年以上古梨树3万棵、40余个品种，其中树龄已有417岁的贡梨树被万历皇帝御封为“金把黄”。

北京大兴春华秋实系列活动以“发展都市现代农业、打造和谐生态新区”为主题，通过举办春华秋实启动仪式，梨王擂台赛、农超对接与农业精品展卖会、秋季旅游等系列活动，宣传大兴都市型现代农业和以梨为主导的果品产业新成果，以此提高大兴观光产业和农产品的市场知名度，促进销售、带动旅游、实现大兴农业的可持续发展。

特色活动： 2011年全国梨王擂台赛共有来自北京、辽宁、山东、河南、浙江、甘肃、河北等全国10余省市的梨生产基地、龙头企业、果品协会等选送的316个样品参加角逐，所有参评样品均通过了农残检测。经过激烈争夺，来自浙江省温岭市特产技术推广站和来自北京大兴市贯尚精品梨园选送的样品分别夺得中华名梨“梨王”和“风味皇后”桂冠。

采摘时间： 10月份左右

推荐路线： 京开高速→庞各庄万亩梨花庄园→航天科普乐园（青少年科普教育基地）→薛营回民饮食一条街→北京野生动物园→大兴农产品销售网点

宁陵县石桥镇梨采摘节——葛天文化 酥梨之乡

商丘市宁陵县既是中国葛天文化之乡，也是全国闻名的酥梨之乡。酥梨已有700多年的栽培历史，种植面积4.8万亩，年产1.2亿公斤，2008年被定为中南海专供果品。洁白的梨花是宁陵精神的象征，梨果节已成为宁陵的一张名片。

宁陵有鸭梨、长把梨、丰水梨、绿宝石梨、黄金梨等十几个品种，具有个大、皮薄、核小、肉嫩、质细且脆、味甜汁多且浓的特点和清胃败火、利脾润肝等保健功能。采摘节以“摘农家果、吃农家饭、干农家活、观农家景”为主题，让游客切实体验到果农的乐趣。品尝梨果百味——20多种梨果任游人尽情采摘品尝；饱览梨园

美景——观百年老树风姿，赏万顷梨园气韵；吃梨园三鲜——梨王蒸肉、大锅烀梨、蒸红薯叶。

特色活动：梨园自驾一日游、梨王争霸赛、梨王拍卖会、宁陵梨文化展览。

采摘时间：8月下旬至9月上旬

举办地点：宁陵县青少年活动中心、石桥镇金顶阁观景台

推荐路线：郑州北站乘公共汽车由G30连霍高速柳林站至宁陵汽车站下车，乘宁柳公交车至石桥万顷梨园站下车

梨子采摘推荐

山东：莱阳梨园

河南：宁陵县石桥镇梨园

北京：北京大兴庞各庄万亩梨花庄园　航天科普乐园

辽宁：鞍山千山庄园

山西：五台山油梨园

安徽：砀山梨园

第十节　柿子节

“当夏阴涵绿　临秋色变红”

深秋时节，柿子园里一片成熟的景象，远远望去成熟的柿子像一个个小灯笼挂满枝头。果实呈扁圆状，颜色从浅橘黄色到深橘红色，略有不同。柿子原产地在中国，已有一千多年的栽培历史，在各地分布较广。

柿子约有300多个品种，从色泽上可分为红柿、黄柿、青柿、朱柿、白柿、乌柿等。中国名柿有号称“世界第一优良品种”的华北大盘柿、广西平乐县的黄金柿、河北和山东一带的莲花柿和镜面柿、陕西泾阳和三原一带的鸡心黄柿、陕西富平的尖柿、浙江杭州古荡一带的方柿、陕西临潼的火晶柿、华县的陆柿、彬县的尖顶柿、山东青岛的金瓶柿、益都的大萼子柿等。这些柿子的共同特点是皮薄、肉细、个儿大、汁甜如蜜。

最佳采摘地

恭城“月柿节”——像月亮的柿子

恭城瑶族自治县位于广西东北部、桂林市东南部，是“中国月柿之乡”。恭城柿子已实现规模化生产，产量大，品质优，是全国无公害水果生产示范基地县。恭城柿子已有近千年的栽种历史，因柿子制成饼后像月亮，恭城人便给柿子取了个美丽的名字：月柿。月柿是恭城人对柿子特有的称呼，随着恭城柿子知名度的提高，“恭城月柿”已成为知名品牌，远销东南亚。

特色活动：关公文化节、盘王节、花炮节等。

采摘时间：10 月至 11 月

举办地点：恭城瑶族自治县莲花镇红岩村

推荐路线：桂林市→恭城县城→莲花镇红岩村

彬县柿子节——铁秆庄稼　木本粮食

彬县地处甘肃平凉、陕西宝鸡、铜川、咸阳4个城市的几何中心，是古代“丝绸之路”必经之地，素有“丝路明珠”之称。彬县历史悠久，早在3 500年前，周祖定居农耕，开创了泾河流域农耕文明的先河。

金秋十月，彬县漫山遍野的柿子树上缀满火红的果实，犹如一盏盏小

灯笼，映红了山野，成为一道独特的风景。柿子树是彬县栽植范围最广、深受群众喜爱的乡土经济树种，至今已有2 000多年的栽种历史。长期以来，柿子以其适应性强、营养价值高被当地农民称为“铁杆庄稼”。其中“润杨”牌柿子在第十五届中国杨凌农业高新技术博览会上荣获“后稷金像奖”。

柿子节分为展品参观、现场观摩、文艺晚会、项目洽谈、旅游观光5大模块。节庆期间，可以看到黄橙橙的新鲜柿子，参加采摘大赛和用柿子拼图案等活动。

采摘时间： 11月15日至17日

举办地点： 彬县城开元广场

推荐路线： 福银高速彬县出口或312国道彬县出口

柿子采摘推荐

江西： 恭城“月柿”

甘肃： 彬县柿子

河北： 莲花柿

山东： 镜面柿

陕西： 泾阳、三原一带出产的鸡心黄柿　富平的尖柿

广西： 平乐黄金柿

浙江： 杭州古荡一带方柿

第十一节 大枣节

“外炳丹朱彩 中含石蜜滋”

枣起源于中国，已有8 000多年的种植历史，自古以来就被列为“五果”之一。红枣营养丰富，其中维生素C的含量在果品中名列前茅，有“维生素王”之美称。“一日食三枣，青春永不老。”

山东宁阳大枣以大而甜闻名。南宋文天祥写诗赞道，“桑枣人家近，蓬蒿客路长”。新郑大枣素有“灵宝苹果砀山梨，新郑大枣甜似蜜”的盛誉。新疆若羌地区的若羌红枣个大美观，椭圆形，晒干为深红色，刚下果时肉脆味甜，晒干后肉软甜润，吃后余香满口。新疆的和田玉枣营养和保健价值极高。河北赞皇县的金丝大枣被誉为“贡枣”，1956年在中国长沙枣评会上被评为“中国大枣之冠”。

最佳采摘地

中华宁阳大枣节——四千年前走来的大枣

宁阳大枣的文献记载首见于《周礼·祭法》，是远古七十二君王泰山祭天的神物，距今已近4 000年，是中国乃至世界最早见于文献的“神枣”。因泰山为宁阳之镇山，故宁阳大枣常冠以“泰山大枣”的美名，在浩如烟海的泰山文献中有诸如“王母枣”、“昆仑枣”、“仙人枣”、“泰山御贡大枣”、“泰山芽枣”等称谓，其历史几乎与华夏文明史同步，有中国乃至世界“大枣之父”的尊位。

宁阳大枣品质神奇，《太平御览》誉其为“仙人枣”；明药圣李时珍《本草纲目·果部·枣》推其为药用第一；1908年在巴拿马泛太平洋万国博览会上获银奖；1987年10月被国家卫生部疾病预防研究院推荐为国家保健枣，被盛赞为“长生果”、“营养

丸”；2000年在中国首届红枣博览会上获大枣系列唯一金奖；2008年被中国绿色食品发展中心认定为国家级绿色食品A级产品。宁阳流传有“日食三颗枣，长生永不老”的民谚。

好运枣园位于宁阳大枣主产区的葛石镇，占地1 000余亩，成龄枣树30万株，是闻名全国的特色生态农业观光园区之一。园内有孔子望枣、圣母献枣等雕塑、观光塔、大枣文化长廊、枣花广场、枣花湖、枣树王、三义枣、如意潭等景点。“观花、赏果、进农家”的观光线路体现出“路在林中，亭在树中，人在绿中”的旅游特色。

特色活动：万亩枣林游、枣树王祈福、枣花湖泛舟、大枣采摘、大枣系列产品展销、大枣采摘权拍卖、“好运枣园”集体婚礼、“桑枣人家”农家乐体验等活动。

采摘时间：9月至10月

举办地点：山东泰安宁阳市葛石镇好运枣园

推荐路线：行至104国道与磁窑立交桥交汇处，转道蒙馆路西行至苗河桥南行黄沙路15公里即可到达

新疆若羌楼兰红枣节
——品味千年红枣　遥想楼兰古国

若羌县因种植红枣声名远播，更因其鲜果肉脆香甜、干果肉软甜润而被誉为“中国红枣之乡”。若羌是文化旅游资源大县，自古以来就是丝绸之路要道、楼兰古国所在地，几千年来东西方文化在此交流融汇，素有“历史文化长廊”的美称。

红枣生态风情游带领游客到全国最优红枣生产基地——若羌县万亩红枣示范园，一览万亩枣果满枝的景象，感受“中国红枣之乡”、“中国红枣产业龙头县”的独特魅力。

特色活动：举办评选全县有机红枣园、品尝若羌红枣、展销红枣新品、展览红枣产业发展历程等活动。

采摘时间：10 月 14 日～16 日

举办地点：若羌县特色风情园

推荐路线：若羌县境内 315 国道

皇家枣园采摘节——“活维生素丸”

冬枣结果早，嫁接当年就能结果；个大皮薄，近圆形；鲜食可口、皮脆、肉质细嫩；成熟后落地能开裂；汁多无渣、甘甜清香；营养丰富，有“活维生素丸”和“百果王”之称。明朝“适万历巡游，过高城，品冬枣，遂命建御枣园，派官兵守之。”1424 年崔庄在枣园处建村，又栽种了 3 200 余棵冬枣树，成为“皇家御枣园”。

循着冬枣树的香味，来到大港崔庄村村口，一个写有“皇家枣园”的牌坊映入眼帘。枣园的仿古建筑群——古驿站及鼓楼用于住宿、会议、餐饮等服务接待。建筑群前方是一片枣林，有 600 多年历史的“镇村之宝”——168 株冬枣就生长于此。

特色活动：攀爬有 400~600 年树龄的冬枣树、爬梯子采摘冬枣、赏荷花、吃农家饭、住农家屋、干农家活、古戏楼欣赏表演和参观枣博物馆。

采摘时间：9 月 28 日至 10 月 28 日

举办地点：天津市滨海新区太平镇崔庄村

推荐路线：市区上荣乌高速直行，港中公路出口下，出高速后走大港方向 500 米右侧即到

枣子采摘推荐

山东： 中国滨州沾化冬枣　宁阳大枣

新疆： 新疆若羌楼兰红枣

河北： 阜平大枣，沧州金丝小枣

北京： 海淀区冬枣园

第十二节　蓝莓节

"状似龙珠出海东　乌眸含露闪丛中"

蓝莓的名称来源于英文blueberry，意为"蓝色的浆果"，是多年生绿叶或常绿灌木，果实为浆果。蓝莓微酸微甜，散发着浆果特有的香味，含有大量花青素，具有延缓衰老、增强人体免疫力、缓解视疲劳的作用，被称为20世纪健康史上最重要的发现，被国际粮农组织列为人类五大健康食品之一，近年来风靡欧美及日本。

在我国东北的长白山及大、小兴安岭一带生长着许多野生的笃斯（俗称都柿）、越橘（俗称红豆）等蓝莓类植物，那里的蓝莓风味独特、酸甜适宜、口感好、可食用也可制作饮料和酿酒。野生蓝莓都是由当地农民去永冻层采摘所得，量很少，因为资源稀缺、采摘困难，所以野生蓝莓价格一直居高不下。因为东北自然环境的独特性和政府的支持，现在蓝莓越来越受到人们的重视。

蓝莓栽培最早的国家是美国，但至今也不到百年。中国的蓝莓栽培起步较晚，主要以北高从、半高丛、矮丛以及兔眼蓝莓为主。主要分布于山东、吉林、辽宁、江苏、贵州、云南等省，其中山东省种植面积最大。

最佳采摘地

大连庄河国际蓝莓节——国家地理标志产品

庄河是大连市重要的蓝莓生产基地，已经发展成为“中国蓝莓生产第一大县”。庄河是大连的水源地，水源地乡镇不能有污染，如今一个小浆果——蓝莓破解了长期以来水源地保护与发展经济的矛盾。2002年庄河市开始引入蓝莓种植，利用得天独厚的自然资源，庄河市将蓝莓作为主打产业大力发展。庄河市致力打造现代化的蓝莓深加工体系，进行高端产品研发，形成了一系列蓝莓产品，包括蓝莓酒、干果、果酱、饮料等。目前，“庄河蓝莓”已经成为全国第一家蓝莓农产品地理标志产品。

大连庄河国际蓝莓节以“推广品牌蓝莓，提升蓝莓产业”为宗旨，以开拓市场为目的，以“弘扬庄河蓝莓文化”为主题，以“品尝采摘”为载体，为游客提供“品蓝莓、洗温泉、农家乐”的全新体验。

特色活动： 依托庄河旅游资源优势，重点推出特色双日游和三日游活动。让游客在品尝蓝莓的同时，游览有“北方小桂林”美誉的庄河冰峪沟、安波镇温泉山庄。

双日游： 采摘品尝蓝莓—休闲农庄体验—洗温泉—吃农家饭—住农家院。

三日游： 采摘品尝蓝莓—游览冰峪沟—吃农家饭—洗安波温泉—住农家院。

采摘时间： 每年7月举办，活动持续约1个月。

举办地点： 御果蓝莓生态园

推荐路线： 庄河→大营镇→大营村→御果蓝莓生态园

胶南蓝莓节——蓝色倾情 魅丽胶南

胶南市是目前全国县域种面积最大、产业化程度最高的蓝莓主产区，是“蓝莓之乡”。胶南市的蓝莓种植主要分布在张家楼、藏南、宝山、六汪、理务关、王台、珠山7个镇（街道），30个村。胶南市推出“胶南蓝莓”品牌，扎实推进沃林、隆辉、宝山3个千亩蓝莓精品示范园建设，使胶南蓝莓走上了品牌化发展道路。

胶南蓝莓节围绕“蓝色倾情、魅丽胶南”的主题，开展以“赏蓝莓、品蓝莓、销蓝莓、论蓝莓”为主线的系列活动，突出参与性，充分展示胶南良好的生态环境和资源优势，全力将胶南市打造成以蓝莓产业为核心、以体验型旅游为重点的中国蓝莓旅游目的地。

特色活动：蓝莓论坛、蓝莓小镇体验游、蓝莓音乐会、蓝莓采摘游等系列活动。

采摘时间：7 月 1 日至 30 日

举办地点：胶南市张家楼镇、宝山镇、藏南镇

推荐路线：胶南滨海大道→蓝莓大道

蓝莓采摘地推荐

山东：胶南蓝莓采摘园　威海蓝莓基地

辽宁：御果蓝莓采摘园

江苏：溧水蓝莓采摘园

贵州：麻江蓝莓种植基地

大连：庄河蓝莓采摘园

第十三节　橘子节

“一年好景君须记　最是橙黄橘绿时”

由于橘的俗字“桔”含着一个“吉祥”的“吉”字，春节时人们就会购买盆栽橘，称为“年桔”。

我国橘子分布在南起海南省的三亚市，北至陕、甘、豫，东起台湾省，西到西藏的雅鲁藏布江河谷的广阔区域，主产区有浙江、福建、湖南、四川、广西、湖北、广东、江西、重庆和台湾等10个省（区、市）。

最佳采摘地

龙岩市洋畲柑橘采摘节——橘子红了

洋畲村位于福建省龙岩市新罗区龙门镇，是远近闻名的花果之村。2006年起举办橘子红了洋畲柑橘采摘节，每年定制不同的活动主题，活动内容包括特色民俗表演、柑橘评选、洋畲好厨艺评选、越野自行车比赛等。现在洋畲村已经建成了牧童放歌、森林浴、橘园体验、菜园乐种、万亩竹海、森林游步道、瓜果长廊等休闲景观和参与性旅游基地。

体验活动： 以柑橘采摘为主线，吃农家饭、住农家屋、享农家乐，体验乡村淳朴的民风民俗，饱览秀美的山水风光。

采摘时间： 11月至翌年2月

举办地点： 福建省龙岩市新罗区龙门镇洋畲村

推荐路线： 沿龙（岩）长（汀）高速公路（龙岩西）出口左转约500米，左边路口进入约4公里的村道到达村庄

梧州市岑溪砂糖橘节——沁心润喉　耐人回味

砂糖橘果实扁圆形，色泽鲜红，果肉细嫩爽脆，汁多化渣，少核或无核，味清甜，沁心润喉，耐人回味。岑溪砂糖橘种植面积超10万亩，产量7万多吨。2006年被认定为广西无公害水果生产基地；2008年获中国绿色食品认证；2009年4月“岑鲜”牌砂糖橘获广西名牌产品称号；2010年1月砂糖橘生产专业镇筋竹镇被自治区人民政府授予“广西砂糖橘之乡”称号。

每年果熟时节，金果满目、糖橘飘香，游客慕名前往果园观光、品尝、参加采摘等休闲活动。

主要活动：观光果园、品尝鲜果、自选采果、砂糖橘生产发展论坛。

采摘时间：11月左右

举办地点：岑溪市

推荐路线：207国道、广昆高速G80

浏阳金橘节——明朝贡果

浏阳有300多年的金橘栽培历史，据《湖南省志》记载，浏阳金橘在明朝被列为“贡果”，清朝同治年间浏阳金橘年产上万担，被誉为“金橘之乡”。20世纪60年代以来，金橘远销北京、天津、上海、南京等地，深受消费者青睐，走俏国内市场。金橘还加工成果脯、蜜饯、果汁、果酒、保健饮料等，目前浏阳年加工能力超1 200吨。

金秋十月，湖南浏阳东区的沿溪乡漫山遍野都是金黄的橘子、采橘的橘农、购橘的商家和赏橘的游人。浏阳金橘外观金黄、甜酸可口、气味芳香，不仅营养丰富，而且有很高的药用价值，不愧金橘之翘楚。

特色活动：沿溪风光摄影赛、观橘采橘品橘、采橘能手赛、金橘趣味赛。

采摘时间：11月

举办地点：湖南浏阳

推荐路线：湖南长沙→浏阳市→沿溪镇

橘子采摘地推荐

福建：洋畲柑橘

广西：梧州·岑溪砂糖橘

重庆：铜罐驿金秋橘子

湖南：湖南浏阳金橘

第十四节 白兰瓜节

"流香泻蜜总怡心"

白兰瓜属厚度甜瓜，瓜形呈椭圆，皮白瓤绿，甜蜜爽嫩，清香扑鼻，素有"瓜王"之称。白兰瓜喜温暖、大温差、日照充足、空气干燥和土壤通气性好的环境。每到成熟之际，一望无际的瓜田里成熟的白兰瓜像小皮球一样，大小均匀，白中泛黄，十分可爱。

白兰瓜是甜瓜的一种，原产于美国，美国人叫它"蜜露"。河西走廊的气候及各种自然条件适合白兰瓜的生长，故也曾称雄河西。地近沙漠的民勤县，阳光辐射强烈，昼夜温差甚大，这一得天独厚的条件使白兰瓜富含糖分，瓜肉淡绿呈半透明状，宛如翡翠。瓜味甘甜、汁液丰富、香气浓郁、芳醇爽口，"色如玉、甜如蜜"，不愧瓜中一绝。

皋兰白兰瓜节——塞上江南一甜瓜

皋兰县位于黄河中上游甘肃中部，地处黄河峡谷盆地，空气清新、土地肥沃、光照条件好、无污染，是生产无公害农产品，特别是白兰瓜的理想地带。皋兰县是有名的“瓜果之乡”，有“塞上江南”之美誉。皋兰的白兰瓜具有肉厚汁多、脆而细嫩、香气浓郁、芳醇爽口的特点和防癌抗癌、延缓衰老、提高免疫力的功效。皋兰注册了“金城泥湾”、“丰苗”等商标，对白兰瓜进行品牌化管理。皋兰白兰瓜节期间举办瓜农大讲堂、白兰瓜大赛、技艺比赛、白兰瓜产业高峰论坛会等一系列活动，全面展示、推介和宣传皋兰白兰瓜品牌，提高标准化基地建设水平，拓宽白兰瓜产业发展方向。

特色活动： 生产基地观摩活动，现场观摩5 000亩无公害标准化甜瓜示范基地和白兰瓜新品种展示田。亲身体验“开心农场”种植活动，通过田间种植，切身感受农业生产乐趣。赛瓜评选活动，由专家组对瓜农标准化种植技术进行介绍，对选送的白兰瓜样品，按程序和评比标准进行现场品尝鉴评。

采摘时间： 5月至6月

举办地点： 在兰州市皋兰县什川镇举办

推荐路线： 兰州火车站→兰州北站→皋兰县什川镇

第十五节　荔枝节

“日啖荔枝三百颗　不辞长作岭南人”

荔枝号称“南国四大果品”之一。凹凸不平的外壳里藏着一颗晶莹半透明的珍珠，散发着诱人的香气。几多荔枝红，几多佳话传，杨贵妃因喜食荔枝而闻名，杜牧写下“一骑红尘妃子笑，无人知是荔枝来”的千古名句。东坡在罗浮山下饱尝荔枝后，不辞长作岭南人。嘉庆时的贡生黄乔松也有“博得亭园三万树，人间不羡富平侯”的诗句。

荔枝主要产区在广东、广西、福建、四川、台湾、云南等地，尤其是广东和福建南部栽培最盛。

最佳采摘地

增城荔枝节——挂绿领衔众果鲜

1990年以来，每年的7月份，正值蝉鸣荔熟时节，增城市都要举办一年一度的荔枝节。荔枝节期间，除了品尝、观赏荔枝，还举办歌舞表演、体育表演、美术摄影、图书展览、商品展销、贸易洽谈等活动。2002年在广州增城荔枝文化旅游节举行的增城挂绿荔枝拍卖会上，一颗挂绿荔枝拍出了55.5万元人民币的天价，成为世界上最贵的水果写入吉尼斯纪录。

说到增城荔枝，人们首先会想到增城的挂绿荔枝，因其果实成熟时红绿相间，四分微绿六分丹红，有条绿线纵贯果身而得名，更因其“果肉晶莹、玉白光鲜、质地爽脆、清甜微香”被世人视为荔枝中的珍品。现在增城荔枝种植已达17万亩，品种多达52个，除挂绿外，还有水晶球、糯米糍、桂味、妃子笑、犀角子、雪怀子等10多个名优品种。在荔枝成熟期间，各地游客争相前往增城摘荔枝，品尝最新鲜的荔枝，荔枝节已发展成为增城市的一大旅游品牌。

特色活动： 组织自驾游到增城参加“品荔枝，游绿道，尝美食，享农家乐”荔枝文化旅游活动。

采摘时间： 6月20日～7月30日

举办地点： 在广州增城广场

推荐路线： 广州→324国道（广汕路）→增城广场

广西灵山荔枝节——千年母荔树 中国荔枝乡

灵山荔枝始植于唐朝，宋朝已有较大的发展。现在几百年树龄的古荔枝树随处可见，最古老的荔枝树是位于新圩镇的一株古香荔。1963 年，我国著名生物学家蒲蛰龙教授带领考察组到灵山考察，初步认定其树龄超过 1 460 年，是我国现存的树龄最长的“灵山香荔”母树。灵山荔枝不仅历史悠久，而且品种繁多，品质优良。

据普查，目前全县栽培的荔枝品种共有 35 个，主要品种有三月红、妃子笑、黑叶、灵山香荔、桂味、糯米糍、白糖罂等，每年 5 月上旬至 7 月中旬成熟上市。灵山产的三月红荔枝曾获“七・五”全国星火计划成果博览会银奖；桂味荔枝曾获首届中国农业博览会金质奖和 2006 年度“广西优质农产品”称号；灵山香荔分别获第一届、第二届、第三届中国农业博览会银质奖、金奖；黑叶荔枝罐头曾获巴黎美食节金质奖；“龙武牌”鲜食荔枝于 2002 年通过中国绿色食品发展

中心审核，被认定为绿色食品A级产品。1996年3月，灵山县被中国特产之乡命名宣传活动组委会命名为“中国荔枝之乡”。

特色活动： 千年古荔拍卖、荔枝购销一条街、荔枝趣味竞技比赛。

采摘时间： 6月至7月

举办地点： 灵山县县城内

推荐路线： 从南宁大桥→五象大道→往邕宁方向→过“龙江大桥”→往灵山方向二级公路可直到灵山县

荔枝采摘地推荐

广州： 增城荔枝园　白水寨　南安果场

广西： 灵山荔枝园

第十六节　杨梅节

“五月杨梅红满林　初凝一颗价千金”

杨梅圆圆的，刚开始遍身生着小刺，而待渐渐长熟，刺也渐渐软了、平了。摘一颗放进嘴里，舌尖触到那平滑的刺，使人感到细腻且柔软。在浙江余姚境内的河姆渡遗址考古发掘出了杨梅，据此可知，在7 000多年以前该地区就有杨梅生长。

我国杨梅主要分布在东起台湾东岸，西至云南瑞丽，北至陕西汉中，南至海南岛南端，地跨热带和亚热带。经济栽培集中在浙江、江苏、福建、广东、江西、安徽、湖南、贵州、云南等省，其他如四川、海南、台湾等省仅有少量栽培，大多呈野生状态。

采摘时间：6月至7月。

最佳采摘地

慈溪杨梅节——吴越杨梅荸荠种

慈溪素有“中国杨梅之乡”之称，宋代大文豪苏东坡评价说：“闽广荔枝、西凉葡萄，未若吴越杨梅”。慈溪人工栽培杨梅已有1 300余年，野生杨梅更有7 000余年历史，现已通过杨梅原产地保护认证。杨梅的品种有很多，根据杨梅的样子、颜色、个头，可以分荸荠种、尖刺种、水晶种、红种等。其中以荸荠种为品质最优。慈溪杨梅以名闻遐迩的“荸荠种”和“早大种”为主，果大、核小、色佳、肉质细嫩、汁多味浓、香甜可口，其品质优势极为明显。慈溪尤以横河梅园村的杨梅最为有名，每年6月，梅园山上的杨梅树结满了一个个深红色、浅紫色或白色的杨梅，闪红烁紫。梅农们背着刀箩上山采摘，洋溢着山里人淳朴而又幸福的笑声。目前，慈溪的杨梅品牌有“烛湖”、“游源”、“戚家山”、“夏至红”、“梅园”等。

采摘时间：6月

举办地点：慈溪市

推荐路线：上海→杭州湾跨海大桥→慈溪

云南石屏县杨梅节——石屏五月胜过年

石屏属亚热带气候，所产杨梅果大核小、酸甜适口、晶莹剔透。国家农业部专家评鉴，石屏杨梅品质好，含糖量高，富含多种维生素，是不可多得的美味水果。

在杨梅成熟的季节，石屏县城的街头巷尾挤满了外地来的车和人。杨梅园内外更是人来车往，欢声笑语不绝于耳。人们在墨绿的杨梅树下一边摘果子，一边品尝可口美味的果实……人人都融入到了异龙湖畔的秀美风光之中，乐不思归。这样的情景可以持续一个多月。石屏民间是这样形容的，“石屏杨梅红满天，酸甜可口味道鲜，八方宾客小城聚，石屏五月胜过年。”“摘一粒杨梅、喝一杯杨梅酒、吃一口砂锅鱼、听一曲海菜腔、赏一回花腰舞”。

特色活动：采杨梅活动、乡村旅游、“梅”来眼去娱乐活动、囫囵吞梅娱乐活动。

采摘时间：5 月 1 日至 6 月 10 日

举办地点：石屏县境内

推荐路线：昆明→玉溪→通海→建水→石屏县城（全程高速）

杨梅采摘地推荐

浙江：兰溪杨梅　慈溪杨梅

云南：富民县杨梅　石屏县杨梅

广州：汕头金灶镇杨梅

第十七节　桃子节

“桃花四散飞　桃子压枝垂”

炙热的阳光把桃树照得越发葱郁，粉嫩的桃子让人垂涎欲滴。

桃原产在中国，已有4 000多年的栽培历史。我国的桃子品种极为丰富，有供观赏的花桃、垂枝桃，适宜盆栽的寿星桃等。

我国除黑龙江省外，其他各省、区、市都有桃树栽培。主要经济栽培地区在华北、华东各省，较为集中的地区有北京、天津、山东、河南、河北、陕西、四川、辽宁、浙江、上海、江苏。

最佳采摘地

奉化水蜜桃节——瑶池珍品

奉化水蜜桃被誉为“中国之最”、“瑶池珍品”、“仙桃寿果”。果实呈长椭圆形，缝合线浅，两侧大小均匀，皮呈淡黄绿色、遍布细小红点，间有较大红斑。肉玉白色，核附近为紫红色，皮薄易剥，柔软无渣，入口易溶，甘甜芬芳。每年8月2日为“奉化市水蜜桃节”，奉化溪口新建村被列为“全国水蜜桃”基地。

奉化属低山丘陵地区，亚热带季风性气候、温暖湿润、雨量充沛、土壤疏松且显微酸性、排水性能良好，这一独特的地理环境为水蜜桃的生长提供了良好的自然条件。充足的光

照及夏季昼夜温差大的气候特点，非常有利于水蜜桃的养分积累和果实着色。低山丘陵种植、远离污染造就了奉化水蜜桃鲜甜芳香、绿色天然的优良品质。

采摘时间： 7月10日至8月10日

举办地点： 浙江省奉化市溪口镇、萧王庙街道

推荐路线： 到达宁波→奉化→溪口镇、萧王庙街道等地

黄河口蜜桃采摘节——离大海最近的蜜桃

黄河口蜜桃是山东省垦利县特产、中国地理标志产品。垦利县位于黄河三角洲地区黄河最下游入海口处，土壤和生态环境优越，特别适合蜜桃种植。黄河口蜜桃分早熟、晚熟、中熟3个系列20多个品种，蜜桃外观色泽艳丽、个大、脆甜可口，营养丰富，被确认为绿色食品，每年从4月到10月均有产品上市，远销全国各地。

特色活动： 采摘节以采摘蜜桃、香瓜，品尝黄河口民俗特色餐饮为主线，举行大型文艺演出、旅游商品展

销会、“相约桃园”交友会、黄河口民俗会等活动。

采摘时间：9月中旬至10月上旬

举办地点：在黄河入海口农业生态观光园

推荐路线：沿荣乌高速（原东青高速）从东营北下高速，沿新博路北行30公里，即可到达

桃子采摘地推荐

北京：怀柔采摘园　平谷大华山镇

山东：中国黄河口农业生态观光园

四川：擦耳镇油桃

浙江：金东区源东白桃　奉化水蜜桃

第三章

民俗节庆：
乡土文化的瑰宝

第一节　风筝节

放飞心情　放飞梦想

风筝作为民俗文化之一在我国有着悠久的历史。“草长莺飞三月天，拂堤杨柳醉春烟。儿童放学归来早，忙趁东风放纸鹞”。每年三月阳春，春暖花开时，都是放飞风筝的最佳时节。追逐风筝、嬉戏春风、放飞心情、享受快乐。

中国的风筝已有2 000多年的历史，从传统的风筝身上到处可以看见吉祥的寓意和图案，如“福寿双全”、“龙凤呈祥”、“百蝶闹春”、“鲤鱼跳龙门”、“麻姑献寿”、“百鸟朝凤”、“年年有鱼”、“四季平安”等。这些吉祥喜庆的造型和图案承载着人们对幸福的憧憬，也融合了人们的欣赏习惯，反映出人们善良健康的思想感情，彰显着中华民族的传统和习俗，因而在民间广泛流传，人们喜闻乐见。

最佳推荐

潍坊国际风筝节——“世界风筝都”

自1984年第一届潍坊国际风筝会以后，每年的4月中旬都要举办一届。1988年，第五届国际风筝会将潍坊定为“世界风筝都”。截止到现在，潍坊已经成功举办了29届风筝会。

潍坊国际风筝节不但是交流风筝技艺的节日，也是了解风筝民俗文化的好机会，整个潍坊风筝节期间都伴有丰富多彩的民间传统艺术活动。夜幕降临后，传统的民族花灯展览千姿百态、色彩斑斓；民族焰火以绝妙的燃放技巧展现着历史、戏剧和民间故事的场景，令人赞叹不已。

潍坊风筝历史悠久、扎工精巧、造型优美、易于起飞、放飞平稳。杨家埠村是风筝的故乡，这个村制作的风筝以做工考究、绘制精细、起飞高稳而闻名。潍坊风筝分为串子类、板子类、立体类、软翅、硬翅和自由式等6大系列、60多个品种。潍坊风筝博物馆——迄今世界上最大的风筝专业博物馆，展出着参加历届风筝节的中外风筝佳作。这些作品题材广泛、花样繁多、扎技精湛、造型各异、令人目不暇接。

活动时间：每年4月20日～25日

举办地点：风筝都山东潍坊市体育场

推荐路线：潍坊火车站，在健康街乘坐19路可以到风筝放飞场

阳江风筝节——南派纸鹞城

阳江素有“纸鹞城”、“中国风筝之乡”的美称，与山东潍坊并称南北风筝两大流派。从1992年开始，每年农历九月初九重阳节，阳江都要在南国风筝竞技场举办群众性风筝比赛。

阳江风筝有1 400多年的历史，早在宋代，阳江已有重阳放风筝的习俗。据说那时有一位州官叫王亘，他在北山一块“仙掌石”上凿了一个“流杯池”。每到重阳佳节都邀请各界名流集于石上，一面“曲水流觞”，一面放风筝，周围百姓也在山间支起帐篷观看。《阳江县志》载：“重九日，结伴携酒选胜登高，士人赋诗，儿童放纸鸢较高下。”到了清代，场面更为壮观。

阳江的风筝品种繁多、构思精巧、风格古雅。传统风筝又叫“生气风筝”，有百足、灵芝、崖鹰等10多种，放起来随风飘舞、栩栩如生。最长的龙利风筝长达30米，由100 ~ 200个糊着彩纸的小竹圈串成，圈两旁插上扫帚枝，状似蜈蚣，放上天后能伸能缩、左右晃动、形神毕肖。灵芝风筝被评为世界风筝十绝。

活动时间：农历九月初九

举办地点：阳江都在南国风筝竞技场

推荐路线：东莞总站→阳江总站→江阳南国风筝竞赛场

第二节　阿肯弹唱会

怀抱冬不拉　唱出最炫民族风

居住在新疆的哈萨克族是一个能歌善舞的民族，拥有众多的民间歌手，他们叫作“阿肯”。每年夏季，当天气晴朗、水草丰茂之际，人们都要择日举行“阿肯弹唱会”。届时人们在草原上聚集，搭起帐篷，将牛、马、羊放牧在附近草地。各地阿肯也都前来，弹起冬不拉一展歌喉，人们围坐听唱，如痴如醉。

传说古代在阿尔泰草原上有一个美丽的女歌手，深得民众喜爱。有一年夏天，头人被她的美貌和歌声所吸引，要威逼她成亲。这时天上突然飞来一匹骏马，将姑娘驮上云天。原来骏马是姑娘的情郎所变，将她救出险境，共同去向远方。姑娘留恋这里的草原，将手中的冬不拉扔下，化成了无数把乐器，飘落到人间。从此每年夏天，人们都要聚集弹唱，怀念这位姑娘。

阿肯弹唱的形式，一是阿肯怀抱冬不拉自弹自唱，这种弹唱多是演唱传统的叙事长诗和民歌；二是对唱，有两人对唱，也有多人对唱。对唱的特点是即兴创作，具有赛歌的性质，把雄辩和唱诗结合在一起，既富生活气息又有哲理性。

特色活动：姑娘追、叼羊比赛等。

活动时间：7月20日至22日

举办地点：东大塘休闲农业园区——西塘草原景区

推荐路线：新疆石河子市乘郊区线公交车11路到石场镇换乘去东大塘休闲旅游区区间车直达

第三节　宜良花街节

花乡水城　和谐宜良

宜良土地肥沃、物产丰富、气候湿润、水源丰沛、冬春阳光充足、夏秋雨水充沛，为花卉生产提供了得天独厚的自然条件。宜良种花、赏花历史悠久，早在明清，宜良就开始引种栽培花卉。民国初年，全县花卉已有250余个品种，到70年代种植面积超过百亩，品种100余个。宜良以著名的万家花园为基地，栽种山茶花、白兰花、栀子花、桂花、三角梅、兰花等，被称为“昆明的后花园”。

花街节是宜良历史悠久的传统民俗节日，起源于明代，古称“花市”、“花会”。每年农历端午花街节到来之际，城内就被盆花、盆景和各种花卉苗木装扮一新。人们从四面八方聚集到这里赏花、买花、卖花。大家以花为媒、以花会友、凝聚人心、提升人气，成为宜良经济社会发展和人民富裕生活的象征。

周边景区：九乡风景名胜区、月亮谷野外探险、柴石滩漂流等都深受游客喜爱。历年的花街节把观光、休闲、美食等结合起来，实现了花卉与旅游两大资源的“捆绑打包”。

活动时间： 6 月 22 日至 28 日

举办地点： 宜良县县城

推荐路线： 昆明→昆石高速（54 公里）→宜良

第四节　土家情人节

放飞心愿　许下诺言

恩施女儿会也叫土家女儿会，被誉为“东方情人节”、“土家情人节”。女儿会是恩施地区具有代表性的区域民族传统节日之一，是一种独特的节俗文化，最初流行于恩施的石灰窑和大山顶一带，而今已发展成为全州的民俗节日。

恩施女儿会——以歌为媒　自由相亲

土家女儿会保持着古代巴人的原始婚俗遗风，是偏僻的土家山寨与封建传统包办婚姻相对立的一种恋爱方式。女儿会的参加者大多是未婚的青年男女，他们通过对歌的形式寻找意中人或与恋人畅诉衷情。女儿会上，青年男女身着节日盛装、佩戴自己最好的金银首饰。姑娘们把用背篓背来的土产山货摆在街道两旁，自己则坐在倒放的背篓上，等待意中人前来挑选中意的货物。小伙子们斜挎一只背篓，形如漫不经心的游子，三五成群地和姑娘搭讪。待双方话语投机，情投意合的时候，就去街外的丛林中开始通过女问男答的对歌形式，互通心曲，一定终身。

相传清雍正年间，石灰窑有一薛姓人士外出经商，于7月11日返家祭祖。薛乡士的妻女设宴为其接风洗尘，酒酣，薛对9个女儿说："明日你们姐妹可理头善妆，上街赶场，游玩一日，平时不可"。7月12日一早，姐妹九人梳理打扮一新，上街游玩，赶场者惊羡不已、争相传告。由于"十个棚"（石灰窑原名）的大户人家女儿都上街游玩，姑娘们纷纷效仿，于是每年7月12日这一天姑娘们都来赶场（会），小伙子们因可在这一天和姑娘们见面，以表爱慕之意，久而久之相沿成习，形成了女儿会。

特色活动：女儿会以"以歌为媒、自由相亲"为主题，在梭步垭、

大峡谷举行赶场相亲活动，组织来自全国各地、各行各业的未婚青年来“相亲之都”共度“土家情人节”。在城区有民间文化艺术大师表演传统节目，演出大型舞台剧《女儿会》；举办民间手工艺品展销会；主推恩施“三宝”，即绣花鞋垫、西兰卡普和千层底布鞋，并向游客们展示精细的制作过程。

活动时间：农历七月初十至十二日

举办地点：恩施市区

推荐路线：沿 G50 沪渝高速恩施出口至市区

中国（沂源）七夕情侣节——牛郎织女传说之乡

沂源地处山东腹地，因是沂河发源地而得名，是古人类发祥地、牛郎织女传说之乡。

七夕情侣节已列入国家级非物质文化遗产名录。中国（沂源）七夕情侣节是沂源倾力打造的一个融爱情文化、生态休闲、观光采摘与旅游经济为一体的时尚盛举，已成为广受关注的节庆活动之 。沂源七夕情侣节以牛郎织女传说为主题，将民间传说、山水生态、休闲文化、民间艺术等元素有机融合，通过丰富多彩的活动，扬山水城市之名、显爱情文化之蕴、传承千年爱情经典、让“东方情人节”——七夕走红。

特色活动：举行加入爱情林、传情箱、“为了她（他），我愿意”、定情墙前定终身、“放飞心愿、许下诺言”等互动活动；演出吕剧《牛郎织女》；组织沂源特色手工艺及农产品展销；在景区船上实景演唱；展示民间美术和传统手工艺。

活动时间：农历七月七日前后

举办地点：沂源县牛郎织女景区

推荐路线：淄博（博沂路）→沂源县→燕崖镇→牛郎织女景区淄博

第五节　狂欢节

抛去烦恼　尽情狂欢

“四月四”祈丰狂欢节——骆越遗风今犹存

武鸣县是骆越古国最早都城所在地，骆越古国创造了龙母文化、稻作文化、歌坡文化、铜鼓文化等重要文化遗产。

敬三村位于骆越古国腹地，有骆越中府大王庙、龙母传说源地、骆越歌坡、敢刀岩洞葬等遗址和骆越铜鼓等遗存。敬三村的“四月四”祈丰节自古已有，节庆期间各村都举行祭祀祖母神的仪式，祈求祖母神降雨，保佑稻谷丰收。祭祀后举行的歌圩则是武鸣县马头、罗波等镇以歌会友、以歌传情的壮家独特民俗。淳朴热情的民风确实让人着迷，浓厚独特的骆越风情让人沉醉，瑰丽奇特的山水景观让人称奇。天气虽然很热，但游客们还是兴致勃勃地度过了一个别具一格的骆越“四月四”。

特色活动： 骆越青年成人仪式、洗牛感恩仪式、篝火传火仪式；祭拜骆越中府大王、抬龙母巡村祭田祭社祈丰仪式；骆越风情歌坡、乡村文艺表演以及骆越农家多锅宴等。

活动时间： 每年农历四月初三、初四

举办地点： 武鸣县敬三村

推荐路线： 南宁安吉站→都南高速路→武鸣县城→马头镇→敬三村

土家“六月六”狂欢节——茅古斯舞寄深情

张家界永定区罗水乡是土家族聚居地。罗水乡历史悠久，民族文化源远流长，底蕴深厚，是湖南省的群众文化之乡。1993年中央电视台第一次将“罗水茅古斯”搬上了《正大综艺》栏目，2001年湖南卫视《乡村发现》栏目再度将罗水搬上了荧屏。罗水乡民族文化的代表是茅古斯舞，茅古斯是湘西北地区土家族传承下来的一种民族舞蹈的统称。罗水乡土家族人以前称茅古斯为“毛人舞”，20世纪80年代开始叫茅古斯。1959年，中央民族民间舞蹈考察团将“茅古斯”划入舞蹈范畴，并认定是中国民间舞蹈的源头之一。据考证罗水茅古斯兴起于明代，土家人为了纪念被朱元璋剥皮处死的土家族英雄覃垕王，每年的农历六月六日，罗水乡的土家人都要跳茅古斯舞，以表达怀念之情。

覃垕王自幼习武，练就一身武

艺。因不满明王朝压迫揭竿而起，深得澧水流域土家、苗族百姓的拥戴。后因叛徒朱思济告密，兵败被俘，押解南京，于1382年农历六月初六被凌迟处死。当时没人敢明着纪念这位土家族英雄，于是，土家族后人每年在这一天都搬出自家的衣服、棉套等在太阳下暴晒，借此慰藉这位英雄，俗称“覃垕晒皮”。久而久之，这种纪念活动越来越深入民心，慢慢地演变成了一种集祭祀、表演、文化于一体的大型民俗活动。

特色活动：狂欢节以古时流传下来的传统节目为蓝本，先后是土家拦门、山歌拦门、三道茶、祭祀、游行、覃垕开弓射箭、文艺表演、土家宴、泼水龙灯、送宾等等。

活动时间：农历六月六

举办地点：湖南省张家界市永定区罗水乡罗水村

推荐路线：到达市城区后，走张桑公路，途径尹家溪镇、教字垭镇后到罗水乡

第六节　嬉水节

桃花春水绿　水上鸳鸯浴

“七月香”壮家戏水节——仙女银河沐浴时

连山壮族瑶族自治县位于广东省西北部，是全国唯一的壮族瑶族自治县，民族风情浓郁。传说每逢农历七月初七，天上的“七仙女”姐妹都在银河里沐浴嬉戏。午时前后，银河水与人间河水汇流，于是这天壮乡河里的水会变得特别清凉、干净，饮用对人十分有益。人们沐浴后，有消灾除毒、驱邪润肤、少生疾病、延年益寿等好处。因此，每逢七月初七，壮家人不分男女老幼都集聚到河里洗头、沐浴、耍水、嬉戏，祈求健康长寿、平安吉祥，故又称“女儿节”、“长久节”。千百年来连山壮族都保持着这种习俗。

特色活动： 瑶寨摄影大赛、民族体育竞技比赛、壮瑶风味美食节、瑶族皇太后研讨会；连山旅游小姐暨瑶族公主选拔赛、民间艺术大巡游、瑶族小长鼓舞、瑶族八音、抢花炮、戏水等。

活动时间： 7 月 29 日至 8 月 25 日

举办地点： 连山壮族瑶族自治县吉田镇

推荐路线： 从广州市始→广清高速→清连高速→连南县→323G 连山县

海南七仙温泉嬉水节——“夜半无人私语时”

嬉水节是保亭黎族苗族一年一度盛大的民间传统节庆。七月初七是七仙女与董永鹊桥相会的好日子，如今是中国的情人节。在海南少数民族聚居地保亭县，这一天人们以温泉水泼洒自己的心上人，把爱情表白得淋漓尽致。嬉水节自2000年开始举办，规模一届比一届大。2010年荣获“2010中国十大著名节庆品牌”称号，2011年被联合国教科文民间艺术组织评为“中国最具人气的民间节会”。

特色活动：取圣水仪式、嬉水节开幕式、大型民族歌舞演出、民俗风情嬉水狂欢大巡游活动、寻找七仙女真人秀、浪漫七夕之约等活动。

活动时间：农历七月初七

举办地点：在海南省保亭黎族苗族自治县七仙广场举行

推荐路线：东线海榆高速公路海口至陵水出口下高速后，向西到保亭县城

第七节　靖西端午药市节

桂西山水　养生福地

靖西县位于广西西南部、云贵高原东南边缘，与越南山水相连，是中国与东南亚交流的口岸之一。这里壮族人口占99.4%，是民族传统文化保护得比较完好、民族风情依然浓郁的壮族原生态文化区。

靖西是古田州地道的中药材—田七的原产地，素有“山水小桂林，气候小昆明，药材大园林”之誉，全境喀斯特地貌、山清水秀、土地湿润，是一个天然药材宝库。全县种植中草药3 389亩，其中八角、生姜、金银花、杜仲、肉桂、生地、山豆根、威灵仙等药材种植初具规模。2009年靖西县实施“田七回乡”工程，如今已经发展到1 290亩。

靖西端午药市始于唐宋、盛于明清，是靖西县传统民族医药文化的重要组成部分。端午期间，靖西县以及德保、那坡等地等乃至越南的民间医生、药农和群众纷纷将自种自采的各种中草药和药用动物、矿物等药材肩挑车载到靖西县城出售，上市的药材多达200多种。端午时节的草药根叶肥壮、药力大、疗效好，传说在这天游药市，饱吸百草药气可以预防疾病。药市除交易药材外，还互相交流壮医药经验、传授壮医知识、交换药材种子等等。靖西端午药市是由农民自发赶集发展起来的传统药市，是群众性传播壮医药文化、寻访防病消灾、健康生活的重要活动，是几百年来约定俗成的民间传统。

活动时间：6月22日至24日

举办地点：广西百色靖西县城

推荐路线：南宁→平果→田东→德保→靖西；南宁→大新→靖西

第八节　富锦秧歌节

民间舞蹈　喜闻乐见

“有一种声音你不必刻意去倾听，却在不经意间震撼你的耳鼓；有一种舞蹈你不必用心去欣赏，却在不知不觉间灼热你的眼眸。”它就是富锦的大秧歌。自从打造北方秧歌城以来，富锦的城市文化在秧歌的带动下显示出了广泛而又丰富的内涵。来自城乡的上百支秧歌队竞相表演舞狮舞龙、踩高跷、大头娃娃、划旱船、小毛驴等各具特点的秧歌表演形式，让百姓真正感受到了秧歌所表现出的东北人特有的性格。千人扭秧歌万人来欣赏，富锦的秧歌文化达到了空前的盛况，具有富锦地域特点的东北大秧歌扭出了人们火热的心情和欢快的生活节奏。

富锦市为了丰富城乡文化生活，提升城市文化品位，连续开展了打造“中国北方秧歌城”的城市品牌创建活动。现在富锦的老百姓茶余饭后总是会走上街头、广场，投入到秧歌队伍之中扭起火热的秧歌，富锦人民正享受着东北大秧歌带来的无限幸福和快乐。目前，有上百支秧歌队，过万人活跃在富锦的秧歌活动之中。欢快的大秧歌扭掉了疲劳、忘记了烦恼、锻炼了身体、增添了乐趣，成为城市生活一道靓丽的风景线。

活动时间：农历正月十五

举办地点：富锦市区

推荐路线：富锦市中央大街中段

第九节　汤河川满族民俗风情节

游在满乡　乐在汤河

山青水秀的北京怀柔汤河川养育着 2.3 万勤劳、勇敢、善良、朴实的满族人，其中喇叭沟门乡和长哨营乡是北京市 5 个少数民族乡中仅有的两个完整建制的满族乡。汤河川的满族人距今已有 360 多年的历史，逐渐形成了汤河川满族特有的文化和民间风俗，成为我国宝贵的民族民间非物质文化遗产的重要组成部分。满族风情文化园是举办汤河川满族民俗风情节主场地，主牌楼矗立在园区的正中央，上面用满、汉两种文字书写着“满族风情”4 个大字。牌楼两侧是该乡 24 个行政村的简介，牌楼东侧搭建了充满满族传统文化元素的古戏台和索罗杆，西侧是封闭式的美食小吃一条街。满族风情文化园气势雄伟、古朴浑厚，彰显出满族文化的独特魅力。

特色活动：满族主题歌舞、满族体育运动会、汤河川山货大集、满族美食展、满族包粽子比赛、撞拐王大赛、钓鱼比赛、汤河川满族民间手工艺品大赛、民间剪纸大赛、满族民间婚礼表演、满族民间民俗研讨会、满族民间民俗讲座、满族风情书画摄影大赛及展览、满族民间工艺品展卖、满族民间花会、秧歌表演、射箭体验、民俗文化体验游等。

活动时间：每年都在“端午节”期间

举办地点：喇叭沟门满族乡、长哨营满族乡、汤河口镇

推荐路线：京承高速→ 111 国道

第十节 盖洋牛会

盖洋河畔 欢声不断

牛是农家宝，生产少不了。自古以来耕牛任劳任怨，辛勤耕田，成为农人最好的帮手。人们敬重耕牛、爱护耕牛，把耕牛当作命根子对待。在民间，人们特意在每年固定下来一天作为牛的生日，这一天要给耕牛放假，为耕牛做寿。大清早就为“牛寿星”准备美餐，表达对耕牛常年为人代力的由衷敬意。民间不但为耕牛过节，还有举办耕牛交易会的习俗。每年八月各地相继举办耕牛会，此举促进了养牛业的发展。

盖洋牛会是从庙会发展起来的，据考证已有600多年历史。据载：“盖洋牛圩，每年农历八月二十日为该处盛会，各地客商骈集贸易，以牛为大宗，至为热闹。”牛会期间，翠竹扶疏、绿柳垂荫的盖洋河畔，成千上万头水牛、黄牛、大牛、小牛济济一堂，或悠闲地吃着青草、或自在地打着喷嚏、或温顺地摇着尾巴，任凭人们兴高采烈地夸奖或评判。傍晚牛主人各自把牛牵回家，第二天清晨，又成群结队地赶来。耕牛交易地点人牛攒动，有的在讨论耕牛的习性；有的在极力推介自己的耕牛，希望能够卖个好价钱；有的希望买到一头好耕牛，为自己种田出力。牛会不仅促进了耕牛交易，也使牛主人有了广交朋友、切磋交流的机会，人人都兴高采烈，都有说不完的话题，欢声笑语不断，热闹非凡。

活动时间： 每年的农历八月十九至廿一

举办地点： 福建省明溪县盖洋镇

推荐路线： 从起点明溪宾馆向正北方向出发，沿S204行驶，过五里桥到达终点盖洋镇政府（在道路右侧）

第十一节　大田板凳龙

供人敬拜　降福于民

大田“板凳龙”起源于汉代，最初是作为祭祀祖先、祈求甘雨的一种仪式，后来逐渐演变为一种节庆活动，深受广大民众的喜爱。每年正月十五闹元宵，均溪镇都有迎龙的习俗。这种龙被称为“板凳龙”或“板龙”，龙身数十节至百节甚至上千节不等，由龙珠、龙头、龙身、龙尾组成。每条龙在木板上用竹篾扎成骨架，再糊上彩纸或塑料薄膜，画上鳞纹或花草，内燃龙烛。以前在龙头内点龙烛，现在是用灯泡照亮龙眼，光彩夺目，首尾写上“五谷丰登”、“六畜兴旺”、“吉祥如意”等词句。有的龙头高达3～4米，每节有1.6米长，一条龙有两三百节，总长可达千米，相当威武。

迎龙开始时由专人鸣起响铳，龙首龙尾均有一队小锣鼓伴奏，高举彩旗数十面。由一人持龙珠引路，在乡间或街巷穿行，沿途房子主人均燃放鞭炮烟花迎接。至开阔处“穿龙”、“跑龙”，几百上千节的板凳龙疾起穿行，极其壮观。龙从祖祠出发前，先摆上“龙头供”祭奠龙头，迎龙结束后再回到祖祠，仪式一般持续到深夜。节日结束后，龙珠、龙头、龙尾存于祠堂，龙节由各家各户带回。参加迎龙的人回家，家人鸣炮迎接，给迎龙的人吃米粉红蛋，以兆好运。

活动时间：农历正月十五

举办地点：福建省大田县均溪镇

推荐路线：福建→三明→大田→均溪镇

第十二节　金布朗民俗节

顿顿年猪饭　天天过大年

施甸地处怒山尾翼东岸，东连昌宁、南与临沧永德一河相隔、西与龙陵隔江为界，北与隆阳接壤。早在8000年前就有著名的新石器晚期“姚关人”在这里繁衍生息，这里有明朝参将邓子龙抗缅平叛遗迹，有天设地造的自然景观——野鸭湖、石飘温泉等著名景点。县内居住着汉、布朗、彝、回、傣等22个民族。

施甸有个古老的传统民间饮食习俗，每年立冬后，施甸县的家家户户就开始着手忙于一年中最重要也是最有意义的一件事——杀年猪，这一活动要历时2～3个月。每年十冬腊月，施甸农村家家户户都要宰杀一头肥猪，请上亲朋好友吃上一顿，这就是闻名遐迩的施甸“年猪饭”。古时“姚关人”善狩猎，并懂得不把捕捉到的野兽都杀掉吃光，而是把猪、牛、羊这样一些温驯的动物饲养起来，以便天寒地冻时有肉充饥。每次狩猎回来，“姚关人”都要取下猎物身上最好的肉供奉山神。有一天，正在供奉时，几粒野果（后称盐霜果儿）落了下来，掉在肉上，顿时，鲜红的肉变得白白嫩嫩。回去一尝，腥膻全无、鲜嫩味甜、酸香可口。“原来这是上天教给我们的吃法”，从此这一吃法就被延续了下来，形成了地方色彩浓厚的饮食文化。它以红生、猪旺子、薄片肉为主菜，荤素兼备、油而不腻、爽心利口、原汁原味、老少皆宜，堪称滇西原生态佳肴。到施甸不仅仅吃得饱，还会情不自禁地“穿”着走。施甸布朗族服饰极富特色，绣艺精湛、做工讲究、饰配精美繁多。花草鞋色调鲜艳，从脚尖到脚跟都是用七色绒线点辍。工艺品更是好看，还是布朗青年男女表情达意之物。每当傍晚，只要你走进施甸，都会看见一群人随着音乐跳舞，这是施甸所特有布朗族舞蹈“打歌”。在金布朗文化的带动下，施甸大部分人真正做到了会说话就能哼唱布朗歌，会走路就能跳布朗舞。

活动时间：12 月 18 日至翌年 1 月 7 日

举办地点：施甸县文化广场、姚关镇生态集镇

推荐路线：杭瑞高速→云南保山市蒲漂出口→施甸→施七路→施甸县城→姚关镇（善洲林场）

第十三节　“四月八”节

缅怀民族英雄　展现特色文化

苗族“四月八”节——缅怀与弘扬

传说古代有一位名叫亚宜的智勇双全的苗族首领，领导苗民与残暴的统治者进行斗争。起义后义军连连获胜，一直打到湖南、四川、贵州等地。第二年的农历四月八日，亚宜不幸战死在贵阳市现在喷水池附近。苗族人民为了纪念这位民族英雄，缅怀亚宜的业绩，弘扬英烈的精神，每年的农历四月初八都要举行盛大而隆重的系列纪念活动。这一天苗族人都披戴银饰、穿戴新衣，从山顶、山腰、平坝向“四月八节”活动场地聚集。这一天要举行傩戏、上刀梯、下火海、狮子舞、打花鼓、赛歌、吹唢呐、吹木叶、打秋千、武术、茶灯等民族民间文艺表演，展现苗族文化。

苗族人举行“四月八”纪念活动，从古至今从未中断过，就是在清代苗民起义后，统治者禁止这一活动的情况下，每年的农历四月八日苗族人也

总是采取多种方式举行纪念活动。这时正是苗家“正月玩年”的好日子，小伙子在寨头大路上设卡摆鼓，男来女邀、女来男邀，对歌赛鼓，情趣横生，热闹非凡。意在烘托新春，让过路客人在“拦路鼓”面前人人分享平等，让不懂鼓的客人顿足于拦路鼓场，闹春玩年图个愉快吉祥。不少年轻人就是在这种场合下相好后，结成白发夫妻的。

活动时间： 农历四月初八

举办地点： 盘石镇

推荐路线： 松桃→黄连→臭脑→巴茅

黄桑“四·八姑娘节”——杨家英名传湘桂

绥宁县地处湘桂交界处，境内多民族聚居，被联合国教科文卫组织誉为“神奇的绿洲”。入寨门、敬酒、赛爬藤、放铁炮、钹舞、傩舞、山歌对唱、逗春牛、跳铜钱舞等独具特色的苗家民俗活动精彩纷呈，特别是每年农历四月初八，在宁县黄桑坪隆重举行的“四·八姑娘节”更是吸引了来自四面八方的游客。

相传杨家将的后代杨文广失陷柳州城后被俘，其妹杨金花每天给哥哥送饭，但每次送的饭都被狱卒吃了。杨金花知道哥哥只有吃了饭才力大如牛，便想了一个办法。她到山上尝遍树叶草根，最后发现黑饭树叶汁是黑色的，且气味芳香，便取其叶片，拌合糯米蒸煮，制了一斗米的黑饭，在农历四月初八这天送去。狱卒见是墨黑的一团东西，不敢争食，全部送给了杨文广。杨文广吃了这一斗米的黑饭后，浑身有了力气，一拳打烂牢门，在妹妹杨金花的接应下，杨文广冲出了监牢。为了纪念足智多谋的杨金花，苗族杨姓将农历四月初八定为“姑娘节”。

特色活动：“高山木叶笑微微，十八满哥你会吹？你若吹得木叶叫，木叶传情不用媒。”在山歌会上，身着节日盛装的苗家青年男女以木叶传情，山歌联姻，引得无数游客驻足观赏，游客情不自禁地加入到对歌的行列。

活动时间：4月8日至10日

举办地点：绥宁县黄桑苗族乡

推荐路线：邵阳→绥宁长铺镇（县城）→寨市乡→黄桑乡

第十四节 渤海“流头节”

江河边上 洗头沐浴

渤海镇是汉、朝、满、回四大民族聚居区，各民族民俗活动丰富。这里以朝鲜族人居多，朝鲜族的各种民俗节日活动尤为精彩。在众多的朝鲜族民族民俗节日活动中，“流头节”是最具代表性的。流头节起源于朝鲜古代农耕社会，“流头”一词为“东流水头沐浴”的简称，意为在农历六月十五日到向东流的河里洗头沐浴、祭拜农神祖先、净身驱除杂鬼、求丰收、求健康。据《高丽史节要》记载：“有侍御史二人与宦官会广真寺，为流头饮。国俗，以是月十五日沐发于东流水，祓除不祥。因会饮，号流头饮”。朝鲜族自古有祭祀农神和祭祖的习俗，每到年节吉日每户人家都跪拜，长此以往，逐渐成为节庆。流头节、流头日是朝鲜族传统的民俗节庆，但随着农耕文化在现代文明的冲击下渐行渐远，流头的传统也已在朝鲜族中面临失传的困境，目前只能从散见于民间的一些风俗中窥见流头文化的影子。

特色活动：流头节活动一般于每年的农闲期举行，届时每户人家在自家农田里祭拜农神和祖先以后，举家来到预定地点—江河边洗头沐浴。除祭祀沐浴外，还要举行传统的文娱、体育和游戏活动。主要内容有“流头荐新”祭拜农神和祭祖仪式、食“流头面”驱杂鬼避邪仪式、设“流头宴”农人纵论农事，文人吟诗作赋。

活动时间：农历六月十五

举办地点：黑龙江省宁安市渤海镇江西村

推荐路线：从牡丹江市到宁安市渤海镇再到江西村

第十五节　长安营山歌节

古老的长安山歌嘹亮　神奇的山寨笑声萦绕

“吹响着牛角，绽放着礼花，舞动着芦笙，吆亮着歌喉”。农历六月初六是湖南省城步苗族自治县长安营乡600余侗族群众喜庆的日子——“六月六”山歌节。这一天湘桂两省的山歌好手会聚对歌台，纵情放歌，慕名而来的山外来客沉醉在歌的海洋里。

“六月六”山歌节源远流长。相传明朝天顺年间，苗民首领李天保在长安营聚众起义遭重兵镇压，起义军和当地各族民众相约于第二年农历六月六，以山歌为号再抗暴政，并一举击退了官兵。后来当地人为了纪念这场重大胜利，便把农历六月六定为“山歌节”，并代代传了下来。如今长安营的侗乡群众，不论男女老幼，人人善歌；不论是婚丧嫁娶还是日常劳作，都以歌对歌，曲调信口而成，歌词信手拈来。

特色活动：以唱山歌、对山歌、比山歌等一系列活动为主，还有独龙、傩戏、狮子武术、碳花舞、贺郎歌、芦笙舞等非物质文化遗产展演；油茶舞、草鞋传情等原生态民族歌舞；喝油茶、品鲜奶、听山歌、吹芦笙、观竹海、赏古田等一系列独具城步苗乡人文山水魅力的体验活动。

活动时间：7月23日至25日

举办地点：在丹口镇“桃林苗家乐”和长安营“大寨风情楼”

推荐路线：城步苗族自治县→丹口镇→“桃林苗家乐”

第十六节　大源非遗元宵节

“千门开锁万灯明　正月中旬动地京”

福建省泰宁县新桥乡大源村，这个山清水秀的偏僻小村子已有千年“村龄”。近年一度失传的“傩舞”、“赤膊龙灯”也在大源被“复活”了，并双双列入省级非遗名录。2010年，大源村入选“中国历史文化名村”。傩舞产生于3 000多年前的殷商时期，是古代驱邪镇魔的一种巫舞，被视为研究人类学、民族学、民俗学的活化石。大源另一个省级非遗项目是“赤膊龙灯”。舞龙灯始于宋熙宁（1068—1077）年间，相传至今已有900余年。大源赤膊灯因不用灯罩，使用特别的蜡烛而得名。赤膊龙灯有两条，上大源、下大源各一条，分为“公龙”、“母龙”。正月时节，在夜色朦胧中远处望去，龙灯宛如数百米熊熊燃烧的“火龙”。两条龙都是每户出一桥或两桥灯（喜事灯）组合而成，在固定的地点连接。每条龙都有百余米长，点

燃蜡烛后浩浩荡荡绕村游行，蔚为壮观。最高潮时是来到田间摆福寿等字型或其他图形，直至蜡烛将要燃尽才解散回家，再摆酒席庆贺。

大源元宵节历史悠久，活动程序为：十四日上午由为首户请灯神、谢神、清洗安装龙头、分发蜡烛，各户下午到龙头处敬香，准备过节食品等，晚上集中唱古戏，如天官洪福、观音送子、科场赶考等曲目。十五日上午全村人来到社庙、宗祠谢神，下午表演傩舞，晚饭后出灯。

特色活动： 大源傩舞内容丰富多彩，动作悍猛奔放，既有反映原始社会劳动、生活、战争的场景，也有驱疫赶鬼、招财进宝、祈求丰年的祈望。

举办时间： 正月十四、十五

举办地点： 大源村上、下大源

推荐路线： 泰宁→大源或黎川→大源

第十七节 官庄花朝节

“花朝月夕 世俗恒言”

花朝节的历史堪称中国传统节日之最。据《史记》载，早在夏舜之时，娥皇、女英追觅舜帝不果，投潇水而逝，即被封为“花神”，春秋时期民间花朝节已成习俗。《陶朱公书》载，“二月十二为百花生日，无雨百花熟”。民间传说，武则天每年二月十五花朝节这天，以百花和米粉制花糕宴群臣。上行下效，花朝节便时尚流行，成为与正月十五元宵节、八月十五中秋节同等重要的传统佳节——一年三个“十五”波澜相推。

一年之计在于春，春为四象之首，春生夏长秋实冬藏承载了中华民族一元二仪三星四象之物化规律。于是，花主繁衍生殖，演绎了诸多“花”的文化。封闭的封建社会，一年一度的花朝盛日，怨女幽男要借此日饱览春光，自然风流韵事叠出。诗书巷谈推波助澜，衍生了许多的花朝民俗。花朝节——又称“百花生日”、“花神节”、“挑菜节”等，是我国古代重要的节日。因中国幅员辽阔，南北地域气候差异大，所以各地的花朝节日期各有不同。江南和东北地区农历二月十五为花朝节，中原和西南地区以农历二月初二为花朝节，还有的地方以农历二月十二、二月十八为花朝节。

湖南省沅陵县官庄镇素以农历二月十五左右为花朝节。湖南省沅陵县官庄镇清初之前为中原进西南之首冲，老街村居镇区中心，其民俗文化首领全镇。《岳州府志》载，“沅澧流域……二月十五日为花朝大期，幼女穿耳，男女多于此时婚配”。官庄地处其中，得苗族、土家族之花朝文化“嫡传”。明万历年间，朝庭发十三路旗牌军征南蛮，军屯官庄，瘟疫流行，官兵十亡五六，遂罢征伐而屯兵垦荒自救。古时交通信息闭塞，屯田多年，终至无战未返，其后人世代客居此地，成了今天的官庄人。他们来自中原各地，带来的花朝文化也融入了官庄当地的花朝习俗，故此，老街今日的花朝文化，实际上融会了中华民族花朝文化的各种“流派”，是中国花朝文化之大观园。

特色活动：老街每至花朝节，男女老少都会于凌晨前早起，沐浴盛装。尔后于屋后庭前以红绸罩花而拜，谓之“护花”免受风神欺凌，其后，迎朝阳而结伴出游，踏青赏花，随行祭拜花神仪礼。

活动时间：3月25日至28日

举办地点：老街村桃花休闲山庄（湖南省五星级休闲农庄）

推荐路线：杭瑞高速G56（常吉段）官庄收费站→老街村桃花休闲山庄

第十八节　佤族木鼓节

听到木鼓响　脚底就发痒

佤族主要分布在云南省西南部的山区与半山区，即澜沧江和萨尔温江之间、怒山山脉南段的阿佤山区，与多民族交错杂居。佤族人豪爽好客，迎接客人以酒当先，认为无酒不成礼。佤族待客敬酒习俗多样，其一是敬酒时主人先自饮一口，以打消客人的戒意，然后依次递给客人饮。敬给客人的酒，客人一定要喝，而且要尽量喝干，以示坦诚，否则被认为对主人不敬。另一形式是主客均蹲在地上，主人用右手把酒递给客人，客人用右手接过后先倒在地上一点或右手把酒弹在地上一点，意为敬祖，然后主人和客人一起喝干。佤族民间有不知心、不善良者不敬酒的习俗。

在佤族传统万物有灵的观念中，木鼓是最神圣的器物，人们拉木鼓、跳木鼓房、祭木鼓，祈求五谷丰登，木鼓是阿佤人与神灵对话的通天神器。在现代阿佤人的生活中，木鼓则又成了载歌载舞，歌唱新生活的最佳伴奏乐器，佤族民间到处流传着“听到木鼓响，脚底就发痒”的说法。

特色活动： 木鼓节是阿佤人最盛大、最隆重的节日，是由佤族民间古老的拉木鼓、跳木鼓房、祭木鼓、剽牛、祭祀等一系列活动组成的。

活动时间： 4 月 12 日

举办地点： 西盟县城

推荐路线： 云南昆明→昆磨高速→G214→S309→西盟县佤族自治区

第十九节　六盘天池“农祭日”

祭祀伏羲　体验农事

六盘天池位于宁夏固原隆德县城东北处的六盘山上，海拔 2 530 米。天池三面环山，是人文始祖伏羲孕生的地方，被誉为古“隆德八景”之一。六盘天池在远古时期叫“天镜”，是上天安放在大地上的一面镜子。它可以照出人的本来面目，是好人还是坏人一照便见分晓。恶人如果喝池水，用池水洗面，可以变作好人，这叫做洗心革面；心怀远大志向和抱负的人在池中一照，一定会显现出来，如若用池水洗面，会使他的信念更加坚定，抱负终能实现；普通百姓用池水洗面，会消除灾难，带来好运。六盘天池自古闻名遐迩，传说有神龙潜居，经常出没，可兴云致雨。天旱

时，方圆几十里的乡民露顶赤足，来六盘天池祭祀祈雨，周围的老百姓对天池都心怀钦敬和仰慕。历代王朝都把六盘天池作为祭祀龙神和伏羲帝君的圣地，每年春秋两季，官府设立祭坛，举行盛大的“龙祭”（或“农祭”）仪式，酬谢神灵广施润泽、风调雨顺、关爱生灵的厚德。

每年六月初六，隆德本地及周边地区成千上万群众到六盘天池参加祭祀庙会。祭祀者和参加者必须斋戒七日，沐浴更衣，步行至庙，张幡鸣乐。祭祀活动分祭神和娱神两部分，祭祀开始，鸣炮、奏乐、起舞，奏黄钟宫起调，歌大吕宫起调，舞云门、读祭文。祭祀完毕，鸣炮奏乐，请有德行道义的人施教，以乐德教育人做到“中、和、祇、庸、孝、友”，以乐语教育人，使人能“兴、道、讽、诵、言、语”。祭祀完毕，娱神开始，娱神就是给神灵唱戏、许愿、塑金身、穿新衣。

活动时间：7 月 19 日至 24 日

举办地点：隆德县官庄乡六盘天池

推荐路线：出县城沿 312 国道向东到杨家店村上庄头黑虎爷庙后折北，沿六盘山北行至观庄乡前庄村即到

第四章

旅游节庆：
放松身心 回归自然

第一节　红河峡谷漂流旅游节

穿越峡谷　激情漂流

红河峡谷地处辽宁东部山区长白山余脉，全长25公里，两岸峰石兀立、崖壁高耸、山高陡险、人迹罕至。河谷千回百转，时而陡窄、时而滩平、奇妙莫测。溪流时而悠漫舒缓，时而奔突激越。两岸春花、夏绿、秋红、冬青，四季成景、处处生情。

红河峡谷漂流从大苏河乡沙河子屯起至腰站沟沟口，全长12.8公里。河段集雨面积784平方公里，水量充沛且水质清澈无污染。漂流区河宽20~50米不等，平均水深1米左右，落差适中，有缓段和急流段各20个，缓段悠闲自在、急段有惊无险。漂流区两岸森林茂密、怪石耸立、山珍野禽怡然自得。河流顺山势而下，千回百转、曲径通幽，大有“山重水复疑无路，柳岸花明又一村”的感觉。漂流期可达4个月左右，享有“中国北方第一漂”的美誉。

活动时间：7月10日至12日

举办地点：红河峡谷漂流景区

推荐路线：沈阳→抚顺→清原→吴家沟村→三十道河村→沙河子村。

第二节　喀纳斯冰雪风情旅游节

变幻的美景　雪原的乐趣

禾木喀纳斯蒙古族乡地处阿勒泰山脉中麓、准噶尔盆地北缘，北邻俄罗斯，东连蒙古国，西接哈巴河县。海拔 1 300 ～ 4 100 米，属于大陆寒温带气候，全年无明显夏季，春秋两季相连，冬季漫长寒冷，长达7个月之久。禾木喀纳斯乡分布着寒温带泰加林，生物组合奇异，是西伯利亚动植物种类南延至我国的代表性地区。森林草原相间，垂直带谱明显，生态系统独特，生物群落保持原始状态，是珍稀野生动植物的集中分布区和丰富的大自然基因库。

禾木喀纳斯拥有丰富的旅游资源，诸如雄伟壮丽的现代冰川、气象万千的森林景观、绚丽多彩的草原景色、闻名遐迩的喀纳斯湖。雪橇是冬季喀纳斯的主要交通工具，雪橇在厚达1米多深的雪道上行驶，与挂着雾凇的桦林、一望无际的雪原、蜿蜒的喀纳斯冰河融为一体。沿途雪山、峡谷、古道、墓葬群令人目不暇接，乘

马拉雪橇的乐趣远胜美国阿拉斯加的狗拉雪橇。中途下雪橇，套上图瓦人的马腿毛桦木雪板滑雪，不知不觉间已微微出汗。这片神奇的土地几乎被大雪封闭，圣洁而又寂静，雾凇静静地挂在松枝上，只有马拉雪橇奔跑在莽莽雪原上。

喀纳斯冰雪风情旅游节始办于2007年12月，每年有一个特定的主题。凭着图瓦人的淳朴热情，旅游节充分展示了禾木喀纳斯的自然风光、文化底蕴和民俗风情，在阿勒泰地区甚至全疆都有着较大的影响。

特色活动：喀纳斯冰雪风情摄影：捕捉雪地赛马、射箭、摔跤、河谷风光游等丰富的冬季摄影素材，展示喀纳斯的自然风光和民族风情；喀纳斯滑雪狩猎比赛：通过“滑雪+3次射箭+拖拉兽皮雪橇”3个内容模拟古时狩猎的场景，感受滑雪狩猎的惊心动魄场面；喀萨克族传统婚礼：亲自揭开哭嫁、恰秀（老人祝福）、别塔沙尔（掀盖头）和宴请的神秘面纱；喀纳斯单板野雪邀请赛：来自国内外单板滑雪高手将齐聚一堂，展示高超的滑雪技巧，演绎高山野雪的惊险与刺激。

活动时间：1月至2月

举办地点：喀纳斯景区禾木喀纳斯蒙古民族乡

推荐路线：乌鲁木齐乘车至布尔津县，再由布尔津乘车前往禾木喀纳斯蒙古民族乡

第三节　大木花谷浪漫花海旅游节

山水相依　百花争艳

大木花谷景区位于重庆市涪陵区大木乡，地处武陵山山脉。大木花谷以原生态山林为依托，各种花卉成片地种植在花谷两边绵延的群山上，构成了一幅峡谷蜿蜒、花木相依的美景，是国内少有的高山花卉公园。大木花谷有观赏面积1 000亩、林地8 000亩，其中的海棠花园、葵花园、百花园、人工湖、香草园、龙洞幽境等景点，各自展出风格迥异的花卉：盛开的食葵、油葵等多种向日葵呈现出别样的夏日葵花风情；倒挂金钟、熏衣草、落新妇和美女樱等组成的花海胜景呈现了一个美轮美奂的风情花谷。

大木花谷浪漫花海旅游节的前身是大木葵花节。开节时间也由原来的7～8月延长到春、夏、秋3季。展出内容由原来单一的葵花扩展到3月油菜花、4月虞美人、5月金鱼草、6月球根海棠、7月葵花、8月薰衣草、9月波斯菊、10月大丽花。大木花谷是重庆市婚纱摄影的第一外景地。

活动时间：3月18日至10月30日

举办地点：重庆市涪陵区大木乡

推荐路线：重庆→长寿→涪陵是高速公路100公里，涪陵→白涛镇→山窝乡→大木乡60公里二级路

第四节　走马观花文化旅游节

“春风得意马蹄疾　一日看尽长安花”

走马镇拥有“国家级非物质文化遗产、国家级古镇、中国曲艺之乡”之称。走马桃花林占地500余亩，桃树遍布山野。每年3月，正是漫山桃花“撒野”烂漫时，红的、绛红的、白的竞相绽放。桃花林里有桃园三结义塑像，有桃花夫人典故，还有走马民间故事。

走马观花旅游文化节始办于1998年，如今“走马观花”已经成了走马镇的一张旅游名片。

特色活动： 雅俗共赏、别开生面的开幕式；国家“名嘴”和本土明星同台讲故事；少数民族歌手在山间小路唱山歌，在山头对唱情歌；“花为媒·桃林结缘”网友大联欢。

活动时间： 2月至4月

举办地点： 九龙坡区走马镇金马村桃花林

推荐路线： 在陈家坪或龙头寺、菜园坝长途汽车站乘至江津的大巴车，在走马下道，换乘走马至白市驿巴士车，在金马村桃花林下车即可

第五节　南通盆景艺术旅游节

无声的诗　立体的画

盆景起源于中国，被誉为“无声的诗，立体的画”，是中国艺术宝库的一块瑰宝。在漫长的发展历程中，盆景创作者吸收前辈的艺术成绩，根据当地的气候和树种山石特点以及个人偏好，创造培育出了一件又一件精美的盆景作品。

南通素有“国家园林城市”之称，是一块人文荟萃的宝地。通派盆景始于唐代、形成于宋代、盛行于明清、发展于近代。过去当地的豪门望族、文人雅士在私家花园和盆景园里收藏了大量精美的南通盆景作品，他们是通派盆景发展的主要推动力量，特别是清末状元张謇，为通派盆景的发展作出了巨大贡献。在通派盆景艺术的发展史上，涌现了众多盆景艺术大师，如朱宝祥、徐晓白教授等人，他们在南通盆景发展史上占有重要的地位。

活动时间： 10 月至 12 月

举办地点： 南通市港闸区陈桥街道葆华村久发绿色生态园区内

推荐路线： 中心华联路口坐 605 路公交车到久发农庄下车即可

第六节　城子山登山旅游节

登山远望　方知天外有天

城子山是收入《中国名胜词典》中的辽北四大名山之一，坐落在辽宁省铁岭市西丰县凉泉镇境内，因山上有座古山城而得名城子山，被誉为"辽北第一名山"。据专家考证，城子山山城始建于高句丽中晚期的隋唐之际。目前发现的6处遗迹包括瞭望台、水门、蓄水池、拦水坝、卒营地和井，涵盖了高句丽山城所有遗迹种类，为我国扶余及高句丽史的研究提供了宝贵的资料。

城子山山势雄伟，主峰位于山城东面的正中部位。主峰左右两侧各有一道支脉伸向西坡，在西坡最低处的隔谷口戛然而止，有如一个硕大无比的簸箕斜倚在群山之中。整个山城大致呈椭圆型，东西长南北短。这样的山势成就了天然城址，山城石墙外高内低，外陡内缓，依山就势、起伏蜿蜒，墙体与自然峭壁接触结合之处十分牢固，历经千余年仍完好如初，是辽北保存较好的高句丽城址之一。城子山是一颗璀璨的绿色明珠，有成片的原始松林、柞林、白桦林。山上苍松挺拔，有迎客松、啸天松、雷圣松、美人松、可怜松；怪石险出、鬼斧神工，有鹰嘴石、龟鱼石、金蟾石、卧兔石等，栩栩如生。

特色活动：金秋登山节活动以"走进西丰山水，探访扶余古城，欣赏生命之绿"为主题，举办登山节开幕式、经贸、旅游、体育和文化5大板块活动。

活动时间： 9月份

举办地点： 西丰县凉泉镇城子山景区

推荐路线： 从西丰镇沿西草公路到凉泉镇30公里

第七节　燕岩风景旅游节

“万里蓝天开俗眼　一江碧水净凡尘”

燕岩风景名胜区位于怀集县桥头镇，地处广州、肇庆、桂林的中心地带。在以燕岩为中心的绿野平畴上，分布着可与桂林山水媲美的380多座秀丽的山峰和170多个奇特的溶洞，宛如一个美丽的人间仙境。9条小河汇聚在一起，贯穿洞中，向西流去。置身洞中，左、右、俯、仰，尽是石柱、石笋、石幔，如玉树若冰花、玲珑如雕、诡谲奇幻。燕岩因金丝燕群栖居而得名，是我国南方唯一的金丝燕栖居地和燕窝产地。

“六月六燕子节”起源于一个美丽的民间传说，华夏始祖黄帝功德圆满、归天入圣时，是“乘燕翼而迁”的，那天正是六月初六。因而“黄帝”、“燕子”、“六月六”等意象在人们心目中连在一起，形成了一个“神”的概念，“燕鸣鸣而帝归”，人们见到了燕子就好像见到了黄帝一样。于是，每逢农历六月初六，人们都举行隆重的祭祀活动，以纪念黄帝。

特色活动：燕子节期间，除了赶庙会祭祀“燕神”外，还可以欣赏“千燕出穴、万燕归巢、石塔荟萃、掏燕窝人飞崖走壁”等壮观惊险场面和贵儿戏等民间艺术表演。参加吃燕窝、攀岩、对山歌，演贵儿戏等活动。

活动时间：农历六月初六

举办地点：广东省肇庆怀集市挢头镇

推荐路线：广东→肇庆→怀集→挢头镇

第八节　长山群岛垂钓节

“坐观垂钓者　徒有羡鱼情”

长山群岛是中国8大群岛之一，位于辽东半岛东侧、黄海北部海域，是中国东北海上距离日、韩最近的地区。长山群岛由142个岛、砣、礁组成，其中距离大陆最近的有4海里，面积最大的近30平方公里，有人居住的有18个。较大的岛屿有大长山岛、小长山岛、广鹿岛、獐子岛和海洋岛。长山群岛植被茂密，森林覆盖率43.4%，是国家级海岛森林公园。湛蓝的海水、弯曲的海岸、绵延的沙滩、奇峻的礁石，宛如一幅自然天成的山水画。这里空气清新湿润，被誉为“天然氧吧”，特别是海洋避暑，可以说“南有三亚御寒、北有长山避暑”。生长在洁净、零污染海域的海鲜堪称极品，这里盛产的海参、鲍鱼、海胆、扇贝等海产品享誉海内外。

大连长山群岛国际钓鱼节自1997年开始举办，每届为期一个月。期间举办海钓比赛，推广海钓运动，彰显海岛风采，促进经贸交流，提高对外知名度和美誉度。

特色活动：钓鱼节期间举办长山群岛路亚海钓大赛和传统海钓大赛，举办海钓训练营和培训班，培育市民对于钓鱼运动的热情，促进钓鱼产业发展。钓鱼节期间还推出了多项旅游节庆活动，如渔家风情游、渔民节等，为海钓大赛营造了浓厚的节日氛围。

活动时间：8月至9月

举办地点：大连长山群岛

推荐路线：乘车至普兰店皮口，从皮口港乘船至指定海岛

第九节 厦门竹坝休闲度假旅游节

消遣娱乐 放松身心

厦门竹坝农场南洋休闲度假旅游区位丁厦门市同安区东北部，居三秀山南麓。区内生态资源丰富，田园气息浓郁，有耕地和果园，还有两座水库，更有白石溪和汀溪引水渠穿场而过。水库波光粼粼、溪渠纵横交错，成群的白鹭从水上掠过，秀美的湖光山色、旖旎的田园景色令人流连忘返。

厦门竹坝南洋风情休闲度假区是全国唯一的一处以“南洋风情之旅”为主题的旅游景区，有来自印尼、越南、秦国等8个国家和地区的人在这里聚居，被誉为“小联合国”。景区以南洋文化为主导、南洋风貌建筑为载体、南洋美食为特色，游客不用走出国门就能感受南洋风情。景区还把生态与生产、观赏与休闲、农俗特色活动与山水娱乐活动融为一体，让游客亲身感受竹坝生态旅游独有的魅力。

特色活动： 看归侨史迹馆，赏南洋风车、南洋牌坊，尝南洋美食、手工糕点，购南洋服饰、异国香料。

活动时间： 一般在春节、三八妇女节、国庆节期间均有活动举办

举办地点： 厦门竹坝南洋风情休闲度假区

推荐路线： 厦门市岛内出发经过厦门大桥、集美大桥到同安影视城经过同安五显镇，沿途有旅游指示牌可到达厦门竹坝南洋风情休闲度假区

第十节　小嶝岛紫菜文化旅游节

“霜潭浮紫菜　雪栈绕青山”

小嶝岛是祖国大陆距离台湾金门最近的地方之一，面积仅为0.8平方公里，地处翔安、南安、晋江、金门交界处，扼浯海之咽喉。东与晋江市围头隔海相望，西与大嶝岛比邻，南照金门岛北太武，北倚南安市鸿渐山。自古以来这里水路畅通，是北上泉州、南下厦门的必经水道，“引漳泉而控浯海”，地理位置十分重要。小嶝岛的地形像仰卧的睡美人，头枕青山，足抵大海碧波，神态安详，风光秀丽，景色怡人，是一处休闲旅游的好地方。

厦门的小嶝岛是一个未受污染的世外桃源，澄净的海域孕育出了深受游客喜爱的紫菜，使小嶝岛成为全国闻名的“紫菜之乡”，岛上八成以上的人家都养殖紫菜。

特色活动： 游渔村、赏海景、品海鲜、看民俗、摘紫菜、玩海涂。在紫菜文化旅游节上，亲眼目睹采摘紫菜的过程，还能亲自参与其中。一个海味山风醇厚的海岛献上一个原汁原味的别样体验。

活动时间： 11月初

举办地点： 厦门小嶝休闲渔村、小嶝岛围垦海堤旁

推荐路线： 泉州→泉厦高速→马巷/翔安/同安出口→翔安大道→翔安南路→424县道→大嶝大桥→大嶝码头→坐轮渡→小嶝岛

第十一节 莲华镇乡村文化旅游节

人在田园中 回归大自然

汕头市澄海区莲华镇是久负盛名的水果之乡，境内名胜景点荟萃，素有“古瀛洲东南之秀者”之称。这里有始建于元代的莲花古寺，还有五丛古榕、莲花天池、仙脚迹、仙翁圆梦处等景点。莲华镇还拥有由莲花山温泉度假村、德华民俗文化公园、西浦大自然休闲农庄等组成的集生态、休闲、娱乐、民俗于一体的特色旅游圈。莲华镇自举办乡村旅游节以来，以“绿色活力、回归自然、休闲度假”的特色吸引了越来越多的游客。

特色活动：采摘鲜菇、品尝鲜菇宴、游莲花古寺、登莲花山。

活动时间：4 月至 5 月

举办地点：莲华镇大自然休闲农庄

推荐路线：汕头市区 18 路公交车直达大自然旅游区路口

第十二节　华曦生态文化旅游节

山清水秀云淡淡　青青四野生态游

昆明华曦生态山庄坐落在青山绿水间，青青的山林里点缀着青青的瓦房，青青的瓦房前流淌着清清的河水，清清的河水里游动着青青的鱼儿。河水与屋瓦间栽种着青青的菜蔬和红红的火把果，清清的河水滋润着漫山遍野的果树和花丛，青青的山林下饲养着成群的土鸡，青青的树林里生长着成片的野菌，青青的草养育着成群的牛羊，轻轻的炊烟下绽放着一张张笑脸，那是人们在烧烤。

游客在山野菜里品出别样的味道，在和煦的阳光下采摘舒畅的心情，在阵阵果香、花香、泥香中陶醉。漫山遍野的火把果让中老年朋友回忆起儿时的趣事，生态养殖让游客知道优质的禽蛋是从哪里来的。华曦生态山庄是关注农业、认识农业、走进农业的一个好去处。

特色活动： 捡土鸡蛋、逮土鸡；爬山、采野菜、观野花、赏野果；观赏珍贵植物——红豆杉。

活动时间： 9月30日至10月7日

举办地点： 昆明市官渡区大板桥张家坡华曦生态山庄

推荐路线： 从昆明出发，沿昆石高速公路至小喜村车道出，沿匝道左侧前行至320国道线，往嵩明方向直走至昆明国际机场旁

第十三节　腾冲火山热海文化旅游节

气浪蒸腾　蔚为壮观

腾冲地处祖国西南边陲，与缅甸山水相连，是南方丝绸古道在中国境内的最后一站，被徐霞客称为“极边第一城”。历史上腾冲是一个商贾云集、贸易繁荣的地方。腾冲首开翡翠加工先河，是东南亚珠宝玉石聚散地。99座火山雄峙苍穹，88处温泉喷珠溅玉，火山群和地热温泉之密集堪称中国之最。有人说站在高黎贡山顶，一双脚踩着两个大陆，向东迈一步是亚欧大陆，向西跨一步是印巴大陆。正是由于两块大陆的漂移碰撞，使腾冲成为世界罕见且是最典型的火山地热并存区。大自然的鬼斧神工造就了火山奇观——神柱谷、火山堰塞湖湿地——北海湿地、全国唯一的城市瀑布——叠水河瀑布、低温温泉暗河——坝派巨泉和黑鱼河等地质奇观。

特色活动：“卞和杯”玉雕作品大赛、海外联谊会、民族民间文艺展演。

活动时间：每年10月至12月

举办地点：云南保山市腾冲县

推荐路线：昆明→楚雄→大理→保山→腾冲

第五章

文化节庆：
文化搭台　经济唱戏

第一节　茶文化节

“清茶一口正香甜”

中国茶文化包括制茶和饮茶的文化。中国是茶的故乡，是世界上最早发现茶树、栽培茶树和饮用茶叶的国家。中华茶文化源远流长、博大精深，唐代茶圣陆羽的《茶经》首开中华茶文化的先河，从此茶文化渗透宫廷和民间，深入诗词、绘画、书法、宗教和医学。几千年来，中国不但积累了大量关于茶叶种植的技术，更积累了丰富的茶文化。

中国十大名茶及产地：西湖龙井产于浙江杭州西湖区，碧螺春产于江苏吴县太湖的洞庭山碧螺峰，信阳毛尖产于河南信阳车云山，君山银针产于湖南岳阳君山，六安瓜片产于安徽六安和金寨两县的齐云山，黄山毛峰产于安徽歙县黄山，祁门红茶产于安徽祁门县，都匀毛尖产于贵州都匀县，铁观音产于福建安溪县，武夷岩茶产于福建崇安县。

最佳欣赏地

西湖龙井开茶节——“院外风荷西子笑　明前龙井女儿红”

西湖龙井茶因产于杭州西湖的龙井茶区而得名，“欲把西湖比西子，从来佳茗似佳人”，中国十大名茶之一。特级西湖龙井茶色泽嫩绿光润，香气鲜嫩清高，滋味鲜爽甘醇，叶底细嫩呈朵。清明节前采制的龙井茶简称“明前龙井”，美称“女儿红”。“院外风荷西子笑，明前龙井女儿红。”这优美的诗句堪称西湖龙井茶的绝妙写真。西湖龙井始于宋、扬于明、盛于清，汇“色翠、香郁、味甘、形美”四绝于一身，集名山、名寺、名湖、名泉于一体。名贯古今，饮誉中外，与西湖同名，是杭州城市品牌巨大的无形资产。杭州现有西湖龙井茶基地面积1.9万亩，一片片茶园就身藏云雾缭绕、浓荫笼罩之中。

西湖龙井开茶节一般选择在开始集中采摘之时，通常是3月下旬。好山好水出好茶，好茶知时节，开茶节意味着新一年的西湖龙井茶开始大量上市。对于杭州人则意味着可以见证西湖龙井茶与春天的约会，古典与时尚、历史与当下恰在此时融汇。

特色活动：西湖龙井开茶节活动由一系列活动组成，以开茶节开幕式为隆重的序篇，连续安排有炒茶王大赛、媒体茶乡游、茶文化创意大赛、全民品茶日、茶宴评选等，历时20余天。

活动时间：3月底

举办地点：西湖区龙井茶乡

推荐路线：淳安、建德、桐庐、富阳方向可沿杭新景高速公路至转塘出口，走留泗路至西湖区龙井茶乡

凤岗春茶节——茶海之心品香茗

中国西部茶海之心景区位于贵州省凤冈县，是中国生态有机农业的典型、生态茶庄文化的代表、休闲农业和乡村旅游目的地。茶海之心景区产茶历史悠久，茶圣陆羽在《茶经》一书中记述：“黔茶，生思州、播州、费州、夷州，往往得之，其味极佳！”其中的夷州就是今天的凤冈一带。如今茶已经成为当地群众的重要经济来源，每年清明节期间当地百姓都会自发组织起来祭拜茶神。渐渐地演变成为以祈求风调雨顺、茶业丰收为主题的、内容更加丰富、规格更高的节庆活动。

特色活动：祭茶大典：弘扬“精行俭德”的茶道精神，感激天地、祈福未来；参观制茶过程，每个茶庄均设有制茶参观通道，导游讲解绿茶的生产流程；品茶、学茶：每个茶庄均设有品茶室、配备茶艺师，品茶、学茶、知茶、爱茶；青茶自己采，健康带回家；观赏土家油茶茶艺和生态养生绿茶茶艺。

活动时间：3月至5月

举办地点：中国西部茶海之心景区（贵州省凤冈县）

推荐路线：遵义→新蒲镇→虾子镇→三渡镇→黄家坝镇→鱼泉镇→洗马乡→马山镇→凤冈·茶海之心景区

凤庆县茶文化节——世界滇红之乡

云南省凤庆县是著名滇红茶的诞生地。据《顺宁县志》记载："1938年，东南各省茶区接近战区，产制不易。中茶公司遵奉部命，积极开发西南茶区，以维持华茶在国际上现有市场。于民国二十八年（1939年）3月8日正式成立顺宁茶厂（今凤庆茶厂），筹建与试制同时并进"。从20世纪40年代起当地生产的"滇红茶"包括滇红功夫茶、滇红碎茶等种类，曾先后荣获国家质量银质奖、"中国名茶"、"国家外事礼茶"等荣誉称号。1986年生产的滇红茶被作为国礼赠予英国女王伊丽莎白二世，据说女王将"滇红"置于透明器皿内作为观赏之物，视为珍品。

凤庆是大叶茶发源地，是"世界滇红之乡"。在小湾镇锦秀村香竹菁有一株3 200多年树龄的茶王之母——锦绣茶王。它是凤庆栽培型古茶树的代表，也是世界上发现的最粗大古茶树，树干直径足有1.84米，要8个人才勉强围抱得起来。

特色活动：祭拜茶祖活动、特色产品展示、茶艺茶道大赛、"茶乡歌手"演唱会、"滇红杯"茶艺茶道比赛。

活动时间："五一"劳动节期间

举办地点：凤庆县城

推荐路线：昆明→祥云→凤城，缅甸→临沧→凤城，大理→保山→凤城

第二节　农耕文化节

“田家少闲月　五月人倍忙”

农耕文化是指由农民在长期农业生产中形成的一种风俗文化，以为农业服务和农民自身娱乐为中心。农耕文化兼容百家，有自己独有的文化内涵和特征，形式主要包括语言、戏剧、民歌及祭祀等。

农耕最早是在中原地区兴起。裴李岗文化遗址出土了不少农业生产工具，为早期农耕文化提供了实物证据，尤其是琢磨精制的石磨盘棒，是我国目前发现的最早的粮食加工工具。众所周知，三皇之首的伏羲教人们“作网”，开启了渔猎经济时代；炎帝号称“神农氏”，教人们播种收获，开创了农耕时代。中国农耕历史源远流长，农耕文明居世界之首，农耕文化丰富多彩，承载着中华民族深厚的历史与积淀。

郭岗顶煨桑节——康巴汉子的祈祷

煨桑节是藏区最古老、最普遍的一种民间祭祀活动。藏民在松柏枝上加香料，点燃桑烟祈祷牧草丰盛、五谷丰登、六畜兴旺、人间太平。今天的煨桑节是由在当地被称为“柱巴日晓”的传统节日演变而来。在一片吉祥的法螺声和活佛喇嘛们的诵经声中，煨桑烟袅袅升起，百姓欢呼雀跃，仿佛看见了风调雨顺、五谷丰登的幸福吉祥景象。这就是被康巴汉子村群众称为“柱巴日晓”的传统节日——煨桑节。

活动时间： 7 月 10 日至 18 日

举办地点： 四川省甘孜州雅江县西俄洛乡康巴汉子村

推荐路线： 在成都走“成雅”高速到达雅安，下高速后沿国道 318，途经康定到达雅江县城，雅江县城继续沿国道 318 线西行到达西俄洛乡

农业嘉年华——农耕天下　欢乐大家

“嘉年华”一词是嘉年华会的简称，在英文里叫做 carnival，是一个祈福安康、辟邪驱魔和防止农作物、牲畜受害的农业狂欢节。南京农业嘉年华活动向社会展示城乡统筹新举措、都市农业新成果、休闲农业新品牌、郊县农民新风采，以吃、喝、玩、乐、娱、购、体验等为主要内容。活动场地约 5 万平方米，分为大舞台、七彩农业馆、直通车、购物街、美食坊、欢乐谷 6 大园区。南京农业嘉年华已成为南京都市农业的一块金字招牌，与成都农家乐和北京民俗京郊游成为我国休闲农业的 3 大品牌，被国际都市农业基金会评为“国际都市农业创意与推广杰出城市奖”。

特色活动：

七彩魔方——现代农业、转动未来

七色彩虹——缤纷农业、品质生活

七色礼花——放心农业、健康庆典

举办时间：10 月份

举办地点：绿博园（扬子江大道 88 号）

推荐路线：乘坐 152、109 路可达绿博园，公交 7 路至奥体新城向西步行至公园

第三节　马家沟芹菜文化节

“盘剥白鸦谷口栗　饭煮青泥坊底芹”

青岛马家沟芹菜产业示范园北靠文王山和武王山，南临秦皇河，中间地势平坦，生态良好，是建设现代农业园区的理想之地。马家沟芹菜的栽培历史可以追溯到明朝，有很多赞美芹菜的诗句：“菜之美者，有平度之芹”、“饭煮青泥坊底芹”、“香芹碧涧羹”等。马家沟芹菜是山东省著名地方特产之一、中国国家地理标志产品。独特的种植技术和生态环境使马家沟芹菜叶茎嫩黄、梗直空心、棵大鲜嫩、清香酥脆、富含多种微量元素。

特色活动： 大型芹菜宴、烹饪技能大赛、芹菜美食营养论坛、马家沟芹菜展、参观芹菜园等。

活动时间： 12月中旬

举办地点： 青岛马家沟芹菜产业示范园

推荐路线： 自平度市汽车站沿南外环西行至西外环右拐，沿西外环向北行至804省道左拐，沿804省道前行即可

绿色标准生产

马家沟芹菜生产执行国家绿色食品农业行业标准NY/T743-2003。生产中严格坚持："两个为主"——在肥料使用方面以有机肥料为主，在病虫害防治方面以农业和物理方法为主。"两个禁止"——禁止使用化学肥料，禁止使用化学农药。

第四节 陆川名猪文化节

“家家养乌金 顿顿食黄鱼”

猪是大家非常熟悉的家畜，民间称其为六畜之首。在生肖属相中排在最后，让猪作十二生肖的压阵之物，倒也名副其实。我国养猪已经有7000~8000年的历史，在许多墓葬中，远至新石器时期的人类遗址，都不乏猪的遗骸。因为古时候人们常常以牲畜的多寡来标度地位和富裕程度，葬猪或以猪做祭祀品就显得十分重要。家祭时，陈豕于室，合家而祭，故“家”字是宝盖下一个“豕”字。也有人解释“家”字为农耕社会居室之下养一头猪。总之，猪与人类的关系可谓密不可分。古文中有关猪的文字有多种不同的表达方式，《方言》：“猪……关东谓之彘，或谓之豕，南楚谓之豨，其子之谓之豚，或谓之貕。吴扬之间谓之猪子。”汉字中的“豭”字为公猪之意，“豝”为母猪之意。民间猪有不少别名：刚鬣、亥氏、糟糠氏、黑面郎、乌将军、长喙将军、天蓬元帅、乌羊、乌金……故而杜甫诗曰：“家家养乌金，顿顿食黄鱼”，有人解释“乌金”喻养猪生财之意。

中国名猪（陆川）文化节始办于2008年，以“绿色产业、魅力陆川”为主题，以打造“陆川猪”百亿元产业为目标，按照“名猪搭台、经济唱戏、节庆结合、突出特色”的思路，精心策划开幕式、展会、美食、论坛、活动、晚会等6大板块。通过项目推介洽谈、商品展销、书画表演等形式，全方位展现了独具特色的“陆川猪”文化和陆川客家文化。

特色活动：两个论坛：中国地方猪产业暨马盘百里绿色生态农业经济论坛、客家温泉文化名城论坛。6大活动：中国8大名猪活猪展、海峡两岸农业合作成果展、陆川猪产业链展、特色商品展及美食展、书画摄影展。

活动时间：10月23日至27日

举办地点：陆川县城区

推荐路线：南宁→玉林→陆川

第五节　东港海鲜文化节

“一年四季十二月　月月鱼儿离水鲜”

海鲜，古人又称“海错”，意谓海中产物，错杂非一。《书·禹贡》有“海物唯错”之说；晋朝陆机诗云“海物错万类”；宋代大诗人苏轼也有“蛮珍海错闻名久，怪两腥风入座寒”的名句。至少在距今4 000～6 000年前的新石器时代，人类已懂得采拾贝类食用，而且已有熟食加工了。烹饪古籍中有关海鲜的记载主要有3个方面：一是饮食养生、二是烹调技巧、三是海鲜菜品，而以菜品的记载最为丰富。

东港是中国万里海疆最北端起点，全国唯一的沿海、沿江、沿边城市，有“北国江南”和“鱼米之乡”之美誉，是中国最大的海蜇、梭子蟹养殖基地，虾、贝主要生产出口基地。东港有风光旖旎的百里海岸线，有闻名遐迩的千年古刹，有翔鸟云集的万里湿地，有物产丰饶的沃野平原。这里气候宜人、物阜民康、历史悠久，文化厚重，是丹东对外开放的最前沿，辽宁沿海经济带的东端起点，东北东部最便捷的出海大通道。东港海鲜节以吃海鲜、游海岛为特色，旨在以海鲜为媒，拉动东港旅游、饮食文化，在北方游客中已经享有很高的知名度。

特色活动：“文化东港、印象东港、美食东港、欢乐东港”4大板块包括名优商品展、书画摄影大赛、“美在东港”征文大赛、东港海鲜健康营养美食大赛、嘉年华游乐活动以及经贸洽谈活动等。

活动时间： 9月份

举办地点： 东港市世纪广场

推荐路线： 从东港客运站乘坐七方市场至桥南公汽、环二路、环三路公汽到世纪广场下车

第六节　永福妈祖文化节

“有海水处有华人　华人到处有妈祖”

妈祖文化肇于宋、成于元、兴于明、盛于清、繁荣于近现代。历史上宋代出使高丽、元代海运漕运、明代郑和下西洋、清代复台定台，这一切都表现出我国海洋文化的特征，是“有海水处有华人，华人到处有妈祖”的真实写照。妈祖短暂的一生未留下什么著作，也谈不上有什么思想体系，但她热爱劳动、热爱人民、见义勇为、扶危济困、无私奉献的高尚情操和英雄事迹，却体现了中华民族的传统美德，形成了一股巨大的精神力量。妈祖牺牲之后，人们就按自己的愿望和理想把她塑造成为一位慈悲博爱、护国庇民、可敬可亲的女神，目的是为化育子孙后代、弘扬民族精神。

从前，永福人白天上山下地干活，无法照看幼童、老人，常有幼童、老人落入小河潭中溺死或被野兽咬死，加之防洪措施不到位，常发生水灾。18 世纪，永福到闽南做生意的人看到闽南沿海供奉妈祖，了解到妈祖是“海神”、“神女”、“龙女”，是为人们治病除灾的“神仙”。于是永福人为了家人的平安，决定在常有人落水的深潭和常发生水患的河段附近，择地兴建妈祖庙，供奉妈祖像，并从龙岩、莆田妈祖庙“割火”（引回香火）回来。从此，永福人开始供奉妈祖，信仰妈祖。

特色活动：

1. 农历三月二十一（或二十）日晚上举行纪念妈祖诞辰活动开幕式，俗称“起鼓”。鸣炮、鼓乐齐奏，由道士“清醮”。

2. 农历二十二日妈祖游乡。妈祖游乡和踩街是由指挥车、线路牌、龙伞、龙扇、妈祖轿、龙珠、龙头、龙倪轿、龙尾、上香山车、锣鼓队、舞狮队、腰鼓队、彩车队，放铳队等组成。妈祖游乡踩街沿途各店各户都放鞭炮，到达各村指定地点后，各村统一摆好供品，迎接妈祖到来。先放鞭炮，妈祖到后，由道士“打醮”，全村信士参拜，再放鞭炮。

3. 文艺演出：妈祖庙前一台戏是闽南戏，妈祖庙后一台戏是其他戏与电影、舞狮、舞蹈等穿插进行。

4. 送太子：一台闽南戏在妈祖庙前演出，在演出中途演员走下台，来到妈祖像前“送太子”给总指挥或求子之人，接“太子”的人要送红包给演员。

活动时间：农历三月廿一至廿四

举办地点：永福镇妈祖庙

推荐路线：沿双永高速距离省会城市福州→沿省道 308 线到中心城区龙岩市

第七节　定边马铃薯文化节

薯香弥漫　薯韵悠扬

马铃薯传入我国只有100多年的历史，据说是华侨从东南亚一带引进的，现主要在我国的东北、内蒙古、华北和云贵等气候较凉的地区种植。马铃薯产量高、营养丰富，对环境的适应性较强，现已遍布世界各地，热带和亚热带国家甚至在冬季或凉爽季节也进行栽培并获得较高产量。

位于西北边陲“旱码头”的陕西省定边县海拔高、气候冷凉、光照充足、昼夜温差大，加之土地广阔、土层深厚、土质疏松宜耕，为马铃薯生长创造了得天独厚的条件，是全国马铃薯最佳优生区之一。定边的马铃薯“个大、味香、营养价值高”。定边县已形成了独特的“马铃薯文化”，这一文化是由黄土文化、草原文化、三边文化的有机融合和长期积淀而成，定边马铃薯文化艺术节则是对这一文化的升华。

特色活动：观摩马铃薯种植基地、现代农业机械展示展销，参观优势特色农产品展，参加马铃薯与粮食安全高峰论坛和专题讲座。

活动时间：8 月 28 日至 29 日

举办地点：定边县内

推荐路线：陕西→榆林→定边

第八节　通道芦笙文化节

吹笙鼓簧　吹笙吹笙　鼓簧鼓簧

芦笙是西南地区苗、瑶、侗等民族的簧管乐器。在贵州各少数民族居住的村寨素有“芦笙之乡”、“歌舞之乡”之称，逢年过节，他们都要举行丰富多彩的芦笙会，吹起芦笙跳起舞，欢度自己的民族节日。

八月中秋至十月是侗家寨与寨之间赛芦的日子。芦笙节是侗族人民生活中一个盛大、隆重的传统节日，一是庆祝丰收，二是丰富民间的文化生活，增进村寨间的友谊，也是青年男女交往的良机。芦笙节期间，周围数十里、甚至上百里的侗乡苗寨青年佩银饰、着盛装，成群结队来到大戊梁歌场。歌会主要以唱情歌为主，有双歌、大歌、山歌、花歌、木叶歌、喉咙歌等。对歌形式多样、不拘一格，或男女集体对唱，或男女双人对唱，或单挑独斗。从早到晚，大戊梁山上歌声不断，许多侗族男女青年通过歌会结成美满姻缘。

特色活动：芦笙演奏对抗赛及表演赛、侗族原生态歌舞表演、侗族明星演唱、传统民族体育竞技表演、乌王争霸赛、旅游商品展销。

活动时间：10月份

举办地点：湖南省通道县坪坦乡坪坦村

推荐路线：牙屯堡站或通道站桂林市、长沙市至通道客运班车达通道县城

第九节 玛奈湿地文化节

"青芜卑湿地 白露深沉寥天"

大庆市境内湖泊星罗棋布，湿地面积64万公顷，号称"百湖之城"。玛奈湿地人居生态村位于杜尔伯特蒙古族自治县境内，乌双水域下游，现仍然保持着完整的原始风貌。玛奈是蒙语"仙女"的意思，而腰铃湖的得名就与仙女佩带的腰铃有关。传说在古代，有一年草原干旱，一群美丽的仙女在草原上跳萨满舞，祈求降雨。仙女们都在腰间佩戴一件重要的礼器——吉祥的腰铃。正当仙女们跳得投入的时候，其中一位仙女却不小心将腰铃掉在地上，一时间天昏地暗，风雨大作，姑娘脚下的草原开裂下陷，一股清澈的泉水汹涌而出，顷刻间形成了一个银盆般的大湖。慢慢地天空变得万里无云，湖水平静下来，一望无际的芦苇倒映在湖中，湖面上飘着一朵朵睡莲。

每到夏季，当地的男女老少都愿意到腰铃湖洗一洗、泡一泡；傍晚牧民放牧归来，成群结队的丹顶鹤与牛马羊一起在湖边嬉戏；远眺一望无垠、绿浪翻滚的苇海，一定会想起风吹草低见牛羊的壮美景象。珰奈最出名的要数水产品，有泥鳅鱼、老头鱼、鲫鱼、嘎牙子、龙虱等，农家的茄子干、豆角干、干白菜和大饼子、苞米米查子、小米饭等也特别好吃。

特色活动：文化节举行龙舟大赛、环城自行车大奖赛、休闲农家厨艺大赛、湿地环保知识大赛、情定湿地新人婚礼庆典等活动。

活动时间：7月中旬至8月末

举办地点：黑龙江省杜尔伯特蒙古族自治县烟筒屯镇珰奈湿地景区

推荐路线：杜尔伯特蒙古族自治县→烟筒屯镇珰奈湿地景区

第十节　葫芦岛葫芦文化节

“须知风月千樯下　亦有葫芦河畔人”

葫芦是中华民族最原始的吉祥物之一，人们常挂在门口用来避邪、招宝。上至百岁老翁下至孩童，见之无不喜爱。葫芦的枝“蔓”与“万”字谐音，每个成熟的葫芦里葫芦籽众多，人们就会联想到“子孙万代、繁茂吉祥”；葫芦谐音“护禄”、“福禄”，加之其本身形态各异、造型优美，无须人工雕琢就会给人以喜气祥和的美感，古人便认为它可以驱灾辟邪，使子孙人丁兴旺。因此，千百年来，葫芦作为一种吉祥物，一直受到人们的喜爱和珍藏。

目前葫芦岛市的葫芦种植面积已达800余亩、100多个品种，主要分布在葫芦山庄、南票区、高桥镇和绥中县。葫芦山庄是国家4A级旅游景区，有得天独厚的葫芦文化资源。2005年8月19日，葫芦山庄旅游景区成功举办了以“友谊、交流和发展葫芦文化”为主题的首届“中国——葫芦岛国际葫芦文化节”。

特色活动：以葫芦为题材的书画摄影、剪纸、楹联展；葫芦工艺品评选会、葫芦产业发展经验交流会、葫芦工艺品与旅游纪念品展销会。

活动时间：6月20日至26日

举办地点：辽宁省葫芦岛市葫芦山庄旅游景区

推荐路线：高速葫芦岛出口下，沿102国道直行，第一个红绿灯左转，直行至第一个红绿灯左转，再直行就可到达

第十一节　闽南民俗文化节

“八闽名胜无双地　四海人文第一邦”

“八闽名胜无双地　四海人文第一邦”，宋乾道四年，泉州知事王十朋写下这一对联并悬挂在州衙门前。虽然千年风雨模糊了字迹，而闽南文化却历久弥新。古往今来，在这片山区海隅，人文荟萃、贤才竞秀、后先继踵、群星灿烂：被誉为“红砖文化区”的闽南民居、讲究“五境之美”的茶文化、最富地方特色的民谣、著名的惠安石雕和漳浦剪纸、被誉为“宋元南戏活化石”的南音、中国8大方言之一的闽南语等，无一不昭示着闽南厚博的历史积淀与人文智慧。历史上举世闻名的海上丝绸之路引发了中外文化在此交汇。闽南文化是开放进取的，明清以来大量闽南人向海外迁徙，将闽南的3大民系文化扩展到台湾、东南亚及世界各地；闽南文化又是富有凝聚力的，数百年来，台湾乃至全球的闽南人无不回乡寻根祭祖；闽南文化蕴含着闽南人爱国爱乡、团结统一、自强不息的民族精神；闽南文化也蕴含着闽南人冒险犯禁、勇于拼搏和积极开拓的人文精神。

闽南民俗文化节是对莲花镇的民俗文化深度挖掘，以丰富多彩的民间民俗文化活动打造民俗旅游乡镇，让人们进一步了解闽南人在端午节的风俗习惯，增加年轻人对闽南民俗的兴趣。

特色活动：

1. 民俗文化活动：舞龙舞狮、拍胸舞、莲花煲歌、歌仔戏、车鼓弄（又名弄车鼓）、车鼓阵；

亲子龙舟赛；

绿田园“绑粽王”比赛；

4. 美食特色小吃、台湾的特色美食。

活动时间： 6 月下旬

举办地点： 厦门丽田园

推荐路线： 从同安长途汽车站乘坐 613 路公车，至云洋站下车，往前走 50 米即到

第十二节　安哈民俗文化节

宿彝家村寨　品山野风情

螺岭彝风是西昌“乡村八景”中最具民族特色的景区，位于西昌唯一的彝族建制镇——安哈镇。这里浓郁的彝族风情与完美的自然景观结合，独具特色、极富魅力，是集健身探险、生态游、民俗风情游为一体的体验式旅游经典景区。

安哈民俗文化节在每年的7～8月举行，届时游客们会亲眼目睹木钵盛菜、“马什子”喝汤、竹竿吸酒；品尝肥而不腻的坨坨肉和清甜去火的荞麦饼；欣赏原滋原味的彝家歌舞；体验彝族原生态的生产生活方式；还会在篝火旁尽情地跳起欢快的“达体舞”；也可以攀螺髻雄峰、探亿年溶洞、宿彝家村寨、品山野风情、赏安哈梨花。

特色活动：热情好客的安哈彝族人民向游客展示彝族歌舞、服饰、民俗。浓郁的民族风情、神奇的毕摩表演、精彩的斗牛、斗羊、斗鸡表演更是让游人连声叫好。看完表演，走进彝家小院，点上一桌丰盛的彝家菜，坨坨肉、酸菜鸡、荞粑粑、连渣菜，大饱口福。吃饱喝足了走进松林，躺在吊床上，闭上双眼，吸一口清新的空气，感受轻拂的微风，尽享夏日的清凉。

活动时间：7月下旬至8月上旬

举办地点：安哈镇民族竞技场

推荐路线：西昌→海南岗窑→安哈镇

第十三节　陂下古村旅游文化节

“苍翠雄盘一古村　新楼面面纳乾坤”

陂下古村坐落于江西省吉安市青原区富田镇富水河畔。陂下古名“潭溪”，已有1 000多年的历史。2008年富田镇陂下古村被评为“中国历史文化名村”。村中有4个牌坊、36座祠堂、18口古井、24对千年的锡制架、封闭式巷道、星聚堂里的龙凤楼阁、腰鼓、龙灯和王鞭以及精美的木雕、石雕。村中有80棵500年以上的古樟，村东是一片翠浪翻滚的枫樟群，中间间杂着几十亩毛竹林。美丽的富水河绕村而过，陂下古村掩映在浓密的古樟之中。古村民俗活动丰富，有舞龙、腰鼓、采莲船表演、喊船、放河灯等。为传扬古村丰富的文化，自2009年开始举办古村旅游文化节，每年3月旅游文化节期间，成千上万的游客前来观看，场面热闹非凡。

特色活动：“喊船”是古村所特有的民俗活动，具有浓郁的地方特色，距今已有1 000多年的历史。通俗地讲，“喊船”就是民间“求神祭神”或“接神送神”的祭祀活动，以祈求神灵保佑一方百姓平安、风调雨顺。“采莲船”又称“旱船”，是古村人喜闻乐见的一种传统民间舞蹈。一般用竹篾做龙骨扎成船状，外糊各色布块和彩纸，船顶犹如楼阁亭榭，底部呈船形，船中可容一人站立。锣鼓家什响起，玩船开始。一女子站在船内，模拟采莲船行进的各种姿态。船外有艄公、艄婆，艄公撑篙（桨），艄婆撑舵。艄公手持竹篙在旁撑船并表演各种唱词，船后由艄婆化妆成花脸做丑角，手摇大蒲扇，扮做滑稽样赶艄，逗趣取乐。锣歇歌起，歌词多是即兴自编的，尽是恭喜发财、心想事成、健康长寿、家庭和睦等吉祥词。

活动时间：2月份

举办地点：青原区陂下古村

推荐路线：从青原汽车站（火车站）出发，上青原大道，转青东公路直走约40公里到陂下古村

第十四节　庆元香菇文化节

“色如鹅掌味如蜜　滑似莼丝无点涩”

庆元是世界人工栽培香菇的发源地，享有“中国香菇城”、“中国香菇之乡”等美誉。香菇是庆元的传统产业，也是庆元农业的支柱。1989 年以来，联合国教科文组织国际热带菇类学会主席张树庭教授 3 次到庆元考察论证，确认庆元为世界人工栽培香菇发祥地，并亲笔题词“香菇之源”。

为弘扬香菇文化，根据“香菇引路、以菇会友、拓宽市场、发展经济”的思路，庆元举办了“香菇文化节”。以香菇节为载体，通过举办研讨会、展销会、美食节等系列活动，提升香菇产业水平，挖掘香菇文化。庆元香菇节是丽水地区举办届数最多、持续时间最长的农事旅游节庆活动之一。

主要活动：食用菌技术、香菇文化研讨、美食品尝、农产品展示展销、项目招商推介。

活动时间：11 月份

举办地点：浙江省丽水市庆元县

推荐路线：浙江→杭州→丽水→庆元

第六章

美食节庆：难抑饕餮美食诱惑

第一节　桓仁冰酒美食节

“一滴凝神　千杯不醉”

冰酒起源于18世纪末的德国法兰克尼亚。据说在1794年，德国法兰克尼亚地区的一个葡萄酒庄遇上一个极好的年份，却因酒庄主人外出未能及时赶回，令挂在枝头的成熟葡萄错过了正常的采收时间。紧接着一场比往年早到的暴风雪突然来临，严寒令葡萄冻结成冰。酒庄主人不舍得就此放弃，就采摘并压榨“冰葡萄”，得到了极少量的果汁，而以其酿制而出的葡萄酒竟然风味独特、芬芳异常。这个意外所得就是后来以产量稀少、品质高贵闻名的冰酒。

桓仁冰酒产于辽宁省桓仁满族自治县，是世界公认的冰酒生产绝佳地带，被国际葡萄酒专家称为“黄金冰谷”，其冰葡萄酒产量占世界产量的1/3，居世界首位。桓仁的桓龙湖区作为冰酒产区，主要具有以下4大明显优势：一是地理位置优越，是种植冰酒葡萄的绝佳地带；二是气候适宜，有利于葡萄的成熟；三是土质优异，非常适合优良冰酒葡萄品种威代尔的生长；四是小气候得天独厚，夏季温暖却昼夜温差大、冬季寒冷却不干燥。

特色活动：“桓仁国际冰酒节”大型综艺晚会；“冰酒之行”、“黄金冰谷”考察活动：参观特色酒庄群、种植基地、酒商会所、冰酒浴池、葡萄酒体验中心、葡萄采摘观光园、葡萄酒主题餐厅以及葡萄酒发酵中心、调配中心和现代化灌装生产线等；亲自参与冰酒的酿制并留下姓名。

活动时间：9月28日至10月5日

举办地点：桓仁满族自治县民族广场

推荐路线：本溪市→碱厂→桓仁满族自治县

第二节 大闸蟹美食节

“螯封嫩玉双双满 壳凸红脂块块香”

阳澄湖大闸蟹美食节——此生为蟹住苏州

苏州沙家浜是全国红色旅游目的地和阳澄湖大闸蟹主要原产地。作为全国红色经典景区，沙家浜以红色旅游而闻名；作为阳澄湖地区的水产特色镇，沙家浜因阳澄湖大闸蟹而久享盛誉。阳澄湖三宝即为大闸蟹、河虾、桂鱼。阳澄湖湖面开阔，水质清澈见底、水草丰茂，是螃蟹生长的理想之地。阳澄湖大闸蟹具有四大特点：一是青背，蟹壳青灰色，平滑而有光泽；二是白肚，贴泥的脐腹，晶莹洁白；三是黄毛，脚毛长黄挺拔；四是金爪，蟹爪金黄坚挺有力，放在玻璃上能八足挺立，双螯腾空。那橘红色的蟹黄、白玉似的脂膏、洁白细嫩的蟹肉，造色、味、香三者之极，享誉海内外，是其他湖区的蟹无法比拟的。难怪章太炎夫人汤国梨女士诗曰：“不是阳澄湖蟹好，此生何必住苏州”。

沙家浜十大蟹菜名录：蟹香芦苇荡、蟹汤和面、芝士焗蟹斗、蟹粉鱼米羹、金秋粢饭糕、五福苇香爊蟹、蟹王白玉菇、丰收老渔民、农家蟹王窜条面和红润白玉蟹。

特色活动：美食节期间，宾客们可以参加“舌尖的美味之旅”活动，品尝正宗的沙家浜阳澄湖大闸蟹、蟹粉豆腐、芙蓉蟹斗等各类蟹宴，并对各类蟹菜进行评比。游客们还可以观看各种“蟹趣体验”活动，如螃蟹赛跑、钓螃蟹、摸螃蟹、捆螃蟹等比赛。

活动时间：9月25日至11月25日

举办地点：沙家浜风景区

推荐路线：常熟本市居民可乘坐5路公交车至沙家浜风景区站下车。

蟹岛螃蟹美食节——河蟹膏满黄肥时

北京朝阳区蟹岛是大型螃蟹养殖基地，年产量达十几万千克，采取“稻蟹混养”和“水库自然养殖”的有机养殖模式，生产的河蟹壳薄肉嫩、味道鲜美，品质完全可与野生蟹媲美。尤其岁至秋凉日，正值河蟹膏满黄肥时，蟹岛餐厅的烹蟹高厨特意为游客推出清蒸、香辣炒、火焰焗、避风塘等系列美食，让您一饱口福。

特色活动：秋风送爽、菊黄蟹肥，以养殖河蟹著称的蟹岛推出为期两个月的螃蟹美食节系列活动。螃蟹美食节并不仅仅是品蟹，还包括观蟹、钓蟹、摸蟹、放蟹等一系列与螃蟹相关的趣味活动。在垂钓大棚里，可以透过清澈的池水，观察螃蟹的一举一动；也可以租副钓竿，享受一番钓蟹的情趣；还可以到摸蟹池，下手去抓那张牙舞爪的大螃蟹，体验一下惊险刺激的感觉。最盛大的是放蟹场面，成百上千只螃蟹从岸边争相入水，实在是难得一见。

活动时间：9月至11月

举办地点：蟹岛生态园

推荐路线：机场高速苇沟出口→蟹岛生态园

第三节 密云鱼王美食节

“汉口双鱼白锦鳞 令传尺素报情人”

密云是北京最重要的生态涵养区和饮用水源地，具有独一无二的绿色生态环境。密云水库鱼因其生长环境自然、口感鲜嫩，被称为“鱼王美食”，是美食节不可缺少的一部分。随着“鱼王”美食节连续举办，其系列活动“我眼中的密云独一份”、“鱼王欢乐大篷车”送惊喜、“鱼王杯”侉炖鱼大赛、鱼王美食民俗大集、中秋密云“休闲之旅”等一系列群众喜闻乐见的旅游文化活动，极大地丰富了北京市民周末和节假日休闲文化生活。

特色活动：鱼王美食节推出“密云八大必吃美食”、“密云六大美食伴手礼”和“密云六大名优果品”。溪翁庄鱼王美食、古北口满族小吃、新城子农家六宝、不老屯养生餐、冯家峪饸饹宴、穆家峪百年栗园全鸡宴、蔡家洼手工豆腐、十里堡黑色食品系列、龙福园鱼肴系列、陈大姑鱼面系列、楚乡人家楚家菜肴系列、黄土坎鸭梨、云岫苹果、燕山板栗、御皇李子、坟庄核桃、红香酥梨……

活动时间：9月至10月

举办地点：密云县

推荐路线：京承高速路密云出口出，朝密云水库风景区方向行驶可到

第四节　惠州菜心美食节

“暖日菜心稠　晴烟麦穗抽”

菜心起源于中国南方，是由白菜易抽薹材料经长期选择和培育而成，形成了不同的类型和品种，主要分布在广东、广西、台湾、香港、澳门等地。菜心品质柔嫩、风味可口，并能全年栽培，故而在广东、广西等地为大路性蔬菜。全年运销香港、澳门等地，成为出口的主要蔬菜。还有少量的远销欧美，被视为名贵蔬菜。

惠州“四季绿如蓝”品牌菜心美食文化节旨在展示惠州市的名优产品以及地方特色农产品，更好地推介惠州现代农业成果，打造惠州特色品牌农产品，展示“四季绿”绿色食品生产基地的机械化、标准化建设以及现代农业科技的成果，提升“四季绿如蓝”品牌蔬菜的影响力和知名度。

特色活动：新奇农产品展示、菜心盛宴、自由采摘。

活动时间：11 月

举办地点：在惠州市惠阳区平潭阳光村四季绿农业科技示园内。

推荐路线：广州惠州→惠阳→平潭阳光村→四季绿农业科技示园

第五节　文昌鸡美食节

“亭上十分绿醑酒　盘中一味黄金鸡”

文昌鸡是海南最负盛名的传统名菜，号称“四大名菜”之首。相传明代有一个文昌人在朝为官，回京时带了几只鸡献给皇上。皇帝品尝后称赞道：“鸡出文化之乡，人杰地灵，文化昌盛，鸡亦香甜，真乃文昌鸡也！”文昌鸡由此得名，誉满天下。

为了使鸡肉更加香美，文昌鸡在宰杀前30天的育肥期内，用花生饼、椰子饼、椰丝、蕃茨、大米饭混淆着喂，加入适量花生油、鱼肝油和硫黄等配料。经过这样的特殊饲养，文昌鸡便具有皮脆薄、骨软细，肉质嫩滑，肥而不腻等特点。近年来，以文昌鸡为主题的美食交流活动扩大了海南文昌鸡的影响力和海南地方特色菜肴的知名度，推动了海南餐饮文化向更高层次、更高品位发展，充分展示了海南地方特色餐饮文化的魅力。

活动时间： 4月1日至30日

举办地点： 龙泉乡园

推荐路线： 海口市区→国兴大道→琼州大桥→海文高速→海文高速大致坡出口转东路方向300米处

第六节　横山道野菜美食节

“饭稻以终日　羹莼将永年”

海林市横道滑雪场三面环山、风力不大，形成独特的小气候，再加上优良的生态环境，不仅是天然的滑雪度假胜地，而且为山野菜的生长提供了得天独厚的自然条件。横道镇有山野菜300多个品种，大部分具有较高营养价值或药用功效。山野菜是一种无污染的天然绿色食品，因其营养价值高，越来越受人们的喜爱。

“横道滑雪场——山野菜美食节”是企业为了解决滑雪场只能冬季经营，春、夏季职工只能放假的问题，应运而生的一个项目。经营者聘请专家研发出了近50种山野菜的烹饪方法，使山野菜这一天然佳肴的烹制形成系列、创出品牌。

活动时间： 5月15日至6月15日

举办地点： 海林市横道镇俄罗斯风情园内

推荐路线： 地处301国道209公里处，距牡丹江市区42公里，距牡丹江空港55公里，横道高速公路出口1公里

第七节　金湖荷花·美食节

“荷叶罗裙一色裁　芙蓉向脸两边开”

金湖县位于美丽的苏北水乡，拥有水面 420 平方公里。境内白马湖、宝应湖、高邮湖三面环抱，淮河入江水道自西向东贯穿腹地。水面广阔、河网密布，长堤环绕、绿树掩映，田园方整、稻谷飘香，一派湖色水乡的自然风光。素有“鱼米之乡”、“淮上明珠”、“水乡金湖”、“苏北小江南”之誉。

金湖种荷赏荷咏荷历史悠久，荷文化积淀深厚。十年磨一剑，10 年前谁也不会想到一个默默无闻、平常得不能再平常的苏北小县 —— 金湖，凭借荷花·美食节声名鹊起，插上了腾飞的翅膀，一举成为“中国荷文化之乡”、“中国湖鲜美食之乡”、“中国最具发展潜力县”、“中国产业发展能力百强县”。中国金湖荷花·美食节历经 10 年艰辛成长，已从最初的一粒种子长成枝繁叶茂的参天大树；荷花·美食节叩开了让世界了解金湖、让金湖走向世界的大门。

特色活动：万人品尝湖鲜美食、吃全荷宴、湖鲜美食民间头道菜大赛、湖鲜美食名菜名店评比、赏荷花、采莲、采藕等。

活动时间：7 月下旬至 8 月

举办地点：江苏省金湖县建设路 99 号

推荐路线：宁连高速金湖出口下，上 S311 省道，进入城区建设路 99 号即到

第八节　盱眙龙虾美食节

“池塘信美应难恋　针在鱼唇剑在虾”

盱眙龙虾是淡水龙虾，原产于美国，20世纪20~30年代传至我国。盱眙龙虾以陡湖、天泉湖、猫耳湖、天鹅湖、八仙湖的五湖龙虾最为有名，每年5～9月份是旺季，年产量可达5 000吨。盱眙龙虾味道独特，具有麻、辣、鲜、香的特点。作为一种大众化、平民化的食品，余香不绝、回味无穷、屡食不厌、深受青睐。龙虾肉肌纤维细嫩，易于消化吸收，锌、碘、硒等微量元素的含量也较高。龙虾肉不仅洁白细嫩、味道鲜美，而且高蛋白、低脂肪，有药用价值，能化痰止咳，有助于术后伤口生肌愈合。

盱眙龙虾节历时17天，突出“龙”元素，做足“虾”文章，整个节庆共分为“神龙现首、画龙点睛、龙飞凤舞、龙谷排宴、龙凤呈祥、龙兴之地、龙行天下、龙卧云山、飞龙在天”九大板块，注重突出地方特色。盱眙县把6月12日确立为节庆日，这是全国首个地方节庆日。龙虾节期间游客不仅可以享受到各式风味的小龙虾美食大餐，还将领略一场独具地方特色的文化之旅。

活动时间：6月12日至30日

举办地点：江苏·盱眙

推荐路线：宁、宿、徐高速盱眙段下；宁、连高速盱眙段下

第九节　海安河豚美食节

“河豚当是时　贵不数鱼虾”

海安有15万平方米温室河豚养殖池、1700亩野化驯养池，河豚养殖年存池650万尾，目前全国市场上销售的河豚有八成以上来自海安。为了让河豚不再成为“致命的诱惑”，海安与相关科研院所合作，经过10多年潜心探索，成功攻克了养殖河豚控毒这一世界性难题，将养殖河豚鱼的毒素控制在安全食用范围内，打破了“拼死吃河豚”的神话。加之海安对河豚鱼的养殖、销售、烹制等一系列环节全面规范和管理，确保了海安河豚的安全食用。

海安100多种、200多道河豚系列菜肴，品种丰富、口感地道、注重健康，适宜各种口味和习俗，既继承了中国传统菜肴的精髓，又呈现了当代注重色、香、味、型的需求，完美地展现了鱼中极品的鲜、奇、美、绝、特，令人叹为观止，堪称“天下第一美食”：红烧河豚鲜嫩香醇、白汁河豚鲜美无度、刺身豚肌爽滑润口……

活动时间：4月

举办地点：南通市海安县七星湖广场

推荐路线：从海安汽车总站，沿G328行驶过右侧的烟草大厦，稍向右转进入通榆南路，沿通榆南路行驶，左转进入黄海东路，沿黄海东路行驶到达终点

第十节　大甸子羊汤文化美食节

“陇馔有熊腊　秦烹惟羊羹”

铁岭市大甸子羊汤历史悠久、工艺独特、味道鲜美、有较高的营养价值，名冠辽北，是驱病解暑、补肾健脾的美食佳品。

20世纪90年代以来，大甸子镇为打造这个辽北“历史名肴”，大力发展羊汤产业，注册了“大甸子羊汤”商标，深度挖掘羊汤产业文化。2006年开始举办“大甸子羊汤文化旅游节”，目前全镇羊汤店已达到70余家。

特色活动：

1. 文化美食游，依托大甸子的羊汤文化资源，在做大做强羊汤产业的基础上，推出小笨鸡、杀猪菜、水库鱼、山野菜等农家乐乡村美食。

2. 乡村体验游，重点打造当铺屯的传统火炕、河边垂钓等原滋原味的东北民俗活动。

活动时间：7月8日至8月8日

举办地点：铁岭县大甸子镇

推荐路线：102国道→铁长线→大甸子镇

第十一节　南华野生菌美食节

“味之美者　越驼之菌”

南华县地处滇中，是天然的野生菌王国、久负盛名的生态美食城。南华县境内野生食用菌资源丰富，适宜野生食用菌生长区域达170多万亩，共有野生食用菌200余种，野生食用菌种类占全国的1/3。这里世界4大名菌（松茸、块菌、牛肝菌、鸡油菌）均有分布，主产松茸、牛肝菌、香菇、干巴菌、鸡枞、鸡油菌、虎掌菌、青头菌等。这些野生食用菌具有美味可口、低脂肪、高蛋白、增进健康、防治疾病等特点，享有“健康食品、长寿食品、功能食品”等美称。

美丽的南华因为盛产野生菌、区位优势较好、交通便利而成为云南省最早的野生菌交易市场，是国内较大的野生菌集散地之一。2007 年，南华县被第五届世界菌根食用菌大会组委会命名为“野生菌王国”，同时还获得中国首个“野生菌美食县”称号。南华野生菌已成为国内野生菌交易市场上的抢手货，在国外市场也因质量上乘而备受青睐。2003 年南华县依托野生菌产业这一载体，成功举办了“中国南华野生菌美食节”，有力地促进了野生菌产业快速健康发展，使野生菌美食成为南华的一大休闲旅游金字招牌。

活动时间：每年 8 月

举办地点：南华县城内

推荐路线：320 国道、南永二级公路、楚大高速公路及广大铁路均可到达

山岚凝紫 · 生吃松茸片

山岚凝紫 · 香喷头菌王